ANGÉLIQUE

ET

JEANNETON.

II.

Binet. Mariage.

Le Taureau fondit sur moi... elle jetta un cri perçant.

ANGELIQUE

ET

JEANNETON,

PAR PIGAULT-LEBRUN.

NOUVELLE ÉDITION, CORRIGÉE.

TOME SECOND.

PARIS,

BARBA, Libraire, Palais-Royal, derrière le Théâtre-Français, n° 51.

1817.

ANGELIQUE

ET

JEANNETON.

CHAPITRE PREMIER.

Ce qu'elle pense de Paris.

ELLE a été élevée à Marome, et elle n'a d'un certain monde que les idées qu'en donnent la lecture, un jugement droit, et beaucoup d'esprit naturel. Cependant Paris ne lui paraît pas une merveille. Elle jouit de tout s'en s'étonner de rien. La raison en est simple.

Allons-nous voir la colonnade du Louvre ? la vilaine église de Saint-Germain-de-l'Auxerrois semble p'antée là exprès pour faire gémir sur le mauvais goût.

La menai-je aux Tuileries? il faut passer le marché serré et infect de la rue Traversière.

Aux Champs-Elisées? il faut s'asseoir, ou être coudoyé sans cesse.

Au boulevarts? la poussière vous aveugle, et vous êtes arrêté à chaque pas par des êtres dont les infirmités dégoûtantes vous font retirer précipitamment la main qui les soulage.

Au Palais-Egalité? une noble architecture, de très-belles boutiques; mais un jardin dégradé, des filles perdues, des agioteurs, des escrocs, des filous

Au Muséum? elle regrette que des jours détestables fassent briller les vernis, et empêchent de voir la peinture.

A l'Institut national? des médecins dissertent devant des mécaniciens, des chimistes devant des peintres, et des mathématiciens parlent problèmes à des poètes.

Au Conseil des cinq-cents ? son œil est blessé à l'aspect d'une carrière entassée sur des bases délicates. Entrons-nous dans la salle ? Une heure passée au bas de l'escalier a fait naître l'impatience et même l'humeur. On a des cartes qui abrégent les préliminaires, et j'en aurais comme tant d'autres; mais je ne vois pas pourquoi j'entrerais d'autorité, parce que je connais tel représentant, lorsque l'homme qui me vaut à tous égards, attend ennuyeusement à la porte, parce qu'il n'est connu de personne.

Traversons - nous les plus beaux ponts? la voie publique est osbtruée par des étaleurs à six sous la pièce.

Dînons-nous chez un restaurateur ? nous sommes parfaitement servis, on ne nous donne rien que d'excellent;

mais nous faisons un dîner en six actes, si nous demandons six plats.

Allons-nous à Longchamp ? elle ne conçoit pas qu'on passe deux heures à la file, uniquement pour se faire voir et sans qu'on puisse avancer ni reculer, qu'autant que le trouvent bon ceux qui sont devant ou derrière.

A l'Opéra? elle tremble que les héros de la fable n'incendient ceux des sciences et des lettres.

A la comédie française ? on la cherche à deux ou trois théâtres : elle n'existe vraiment nulle part. C'est ainsi que le voyageur étonné admire encore quelques colonnes du temple de Palmire, et pleure sur celle que la barbarie et le temps ont couvertes de sable et de ronces.

Voulons-nous terminer la joureée par le bal? les entrepreneurs distribuent des billets à des filles qui occupent le parquet, et la femme qui se respecte craindrait, en dansant, les méprises de l'homme qui ne respecte rien.

Son cocher veut-il nous ramener par le chemin le plus court? Il prend ou par la rue de la Huchette, ou par Saint-Jacques-du-haut-Pas, ou par la rue de la Tixeranderie, ou par la rue Maubuée, ou par celle du Renard, du Pet-au-Diable, du Cœur-Volant, ou par celle des Boucheries, dont le ruisseau roule sans cesse un sang noir et épais, où vous entendez assommer un bœuf à droite, où vous voyez dépecer un agneau à gauche, où vous passez à côté d'hommes dont les bras nus, les mains et les visages rougis attestent la profession meurtrière.

Voit-elle ce qu'on appelle *la bonne société*? des hommes estimables, quelques femmes intéressantes; mais des repas splendides sans gaieté, des jeunes gens qui ne savent pas se présenter dans un cercle, qui saluent du menton, et qui ne connaissent de la langue que vingt ou trente mots qu'ils placent à tort et à travers, qui mènent l'amour à-peu-près comme les grenadiers de l'ancien régime, et dont les bottes noircissent une robe par soirée à celle qui est assez sotte ou assez bonne pour écouter des sornettes.

Des madame Miroton qui croient se cacher sous un amas de soiries, de dentelles et de bijoux, et qu'on devine au simple geste, au premier mot.

La conversation la plus plate, parce que les gens de mérite dédaignent de parler et même de répondre à ces dames Miroton, qui sont pourtant très-considérées de quelques individus qui comptent emprunter de l'argent à leurs maris.

Enfin la bouillote qui dispense de penser: on remue des cartes jusqu'à satiété ; on se retire à minuit, le cœur, la tête, et quelquefois la bourse vides, et on prétend s'être amusé.

Le moyen, dit-elle, de s'étonner et d'admirer? De l'or pur de tous les côtés; mais il faut le démêler de la fange, et c'est un travail fatigant.

CHAPITRE II.

Ses Amis.

Elle se prête cependant à tout. Elle est persuadée qu'il est plus facile de se plier aux travers communs que de les corriger.

D'ailleurs nous sommes toujours ensemble, et nous trouvons partout un remède contre l'ennui et le dégoût.

Elle s'occupe à se faire une société peu nombreuse, mais choisie. Elle observe, elle examine, elle juge. Les avances qu'on lui fait sans cesse, les éloges prodigués, même par les femmes, ne sont pas des titres à son intimité.

Cette extrême prudence lui donnerait peut-être un ridicule, si la plus jolie, la plus aimable, et peut-être la plus sensée, pouvait jamais avoir tort.

Bastien a fermé sa boutique; il fait le commerce en gros. Jeanneton est moins occupée, et tous les matins elle déjeune avec nous. C'est l'heure de la confiance, de la franchise et de la gaieté.

Thibaut vient aussi souvent nous demander à dîner. Assez communément il reste jusqu'à la nuit, et je ne m'en plains pas. L'amour aime à se reposer au sein de l'amitié. Il est même bon d'oublier un moment son cœur; on le retrouve avec plus de plaisir.

Il sent renaître une forte envie de mariage. Rien n'est séduisant comme l'aspect du bonheur... Pauvre Thibaut! il n'a pu obtenir Jeanneton, et il n'est qu'une Angélique.

Il nous a fait connaître madame Denneterre. Elle passait pour la plus jolie femme de Paris, avant que nous y fussions. Elle a un mari qui ne s'occupe que de ses affaires, qui la néglige, et elle s'en dédommage en se livrant à tous les plaisirs avoués par la décence. Elle tient une excellente maison, et elle en fait seule les honneurs. Monsieur Denneterre passe du cabinet à table, et de la table au cabinet. On joue la comédie, on danse chez lui ou à sa campagne, il ne s'en inquiète pas, il ne compte jamais avec sa femme, et il ne lui refuse rien. Elle est, dit-elle en plaisantant, la veuve la plus heureuse de France.

Son caractère enjoué, sa tournure d'esprit ont beaucoup de rapports avec la manière d'être de la femme charmante; aussi se sont-elles liées dès le premier moment: elle efface cependant madame Denneterre, mais elle a l'art de se faire pardonner sa supériorité.

On rencontre dans cette maison la simplicité et l'importance, la frivolité et la raison, les grâces modestes et la coquetterie, des qualités, des ridicules, des vertus et peut-être des vices. Voyez six mois madame Denneterre, et vous connaîtrez le monde.

On y trouve ordinairement une petite blonde étourdie par principes, prodigue par faiblessse, inconséquente dans ses discours. Elle a toujours à sa suite trois ou quatre de ces petits messieurs qui peuvent plaire pendant une décade à des femmes à fantaisies; tous les hommes la recherchent, et personne n'a l'air de l'estimer : madame Dercourt enfin a beaucoup trop de célébrité.

Elle prévient Angélique en tout. Elle lui offre sa loge aux Italiens, elle l'invite à ses concerts, elle propose des soupers : Angélique, embarrassée, sent que cette femme ne lui convient pas; elle me jette un coup d'œil, et je me garde bien de répondre pour elle. Dicter le devoir à son épouse, n'est-ce pas lui ôter la satisfaction de le remplir?

La contrainte et l'amour n'habitent pas ensemble. L'amant et l'époux s'évanouisssent dès que le maître paraît.

Non jamais je ne serai le tien; jamais même de représentations, de conseils. Je ne te montrerai que l'amant toujours empressé de te plaire : je me repose du reste sur ta prudence et sur ton cœur.

Pauvre enfant! elle a tant de peine à trouver une réponse évasive! elle est si contente quand elle a pu se soustraire à quelque nouvelle importunité!..... Comment, avec de l'esprit madame Dercourt ne voit-elle pas que nous évitons des relations trop directes?... C'est donc de l'opiniâtreté?

Madame Denneterre prétend, quand nous sommes entre nous, que la petite blonde a des vues sur moi. Je crois plutôt qu'elle serait bien aise de se montrer en public avec une femme estimable, et de parer de l'honneur d'Angélique une réputation équivoque.

Avoir des vues!... Cela serait d'une présomption, d'une impertinence!..... Il n'est pour moi qu'une femme au monde: que les autres se rendent justice, et que la plus fière se contente du second rang.

CHAPITRE III.

Les petites fêtes.

Thibaut ne veut pas user du privilége des garçons. Il n'entend pas voir toujours ses amis chez eux ; il prétend les traiter à son tour, et il traite somptueusement.

Il voulait nous rassembler tous ; mais les détails qu'exigent cette fête lui sont à-peu-près étrangers, et il s'en effrayait sérieusement. « Charge-t'en, » ma bonne amie, dis-je à l'enchante- » resse ». Et la voilà qui arrange le menu, qui distribue les lustres, les candelabres, qui monte le buffet, qui place l'orchestre, qui fait la liste des gens à inviter, et tout cela en dînant chez nous, sur une feuille de papier que je tenais sur le revers d'une assiette transformée en pupitre, de l'encre dans une salière, et la plume passée dans son chignon pendant qu'elle réfléchit.

C'est son chignon, c'est le sien. Elle ne veut pas de ces perruques plates et écourtées qui rappellent la coiffure des vicaires de village; elle soutient que ses cheveux sont faits pour son visage, son visage pour ses cheveux, qu'une nuance de plus ou de moins détruit l'harmonie, et elle a raison.

Revenons. Elle en était à la liste des convives; elle avait écrit quelqu'un qu'elle effaça avec vivacité : c'était madame Dercourt. Elle déchira sa liste, se disposa à en recommencer une autre, et pria Thibaut de dicter. Il va chez la petite blonde, il la nomma avec vingt autres : elle fut donc invitée.

Rien de mieux ordonné que la fête de Thibaut, rien de plus gai, à quelques incidens près : c'est elle qui avait tout fait. Les femmes ont une délicatesse, un tact que nous admirons, nous autres hommes, quand nous sommes de bonne foi, mais dont nous n'approchons jamais.

Je dansais avec elle, et cela paraissait un peu extraordinaire. On danse avec sa maîtresse, et on ne danserait pas avec sa femme! En quoi d'ailleurs ai-je blessé le préjugé barbare? Ne suis-je pas toujours son amant?

Je crois que je me répète un peu: mais quand l'amour remplit le cœur, son nom vient toujours à la bouche.

Elle a aussi le bon esprit de ne pas rougir de sa tendresse, et elle ne cherche pas même à la dissimuler. Elle est partout la même avec moi... autant que les bienséances le permettent.

Nous dansions donc ensemble, et la petite blonde vint m'engager pendant un moment de repos. « Ce n'est pas » l'usage, dit-elle, mais je dois ce ser-

vice

» vice à la société. Vous vous emparez
» exclusivement de madame; vous igno-
» rez donc qu'une jolie femme est une
» pièce d'or qui est faite pour circuler?
» — Entre les mains d'un prodigue,
» reprit ma danseuse en riant. Je le
» connais; c'est un avare, il veut gar-
» der son trésor. — Hé bien, madame,
» je me saisis du vôtre, et je n'imagine
» pas que monsieur me refuse ». Que
répliquer à cela? Une profonde incli-
nation, et je finis ma contre-danse.

Madame Dercourt vint me prendre.
« Jusqu'à quand, dit-elle, serez-vous
» amoureux de votre femme? — Jus-
» qu'à ce que j'en rencontre une aussi
» aimable et aussi aimante. — Sans
» doute, monsieur, cela ne se peut pas?
» — Ce que vous dites en plaisantant,
» madame, moi j'en suis convaincu, et
» si c'était une erreur, personne ne ga-
» gnerait à la détruire ».

Elle ne dit plus un mot; elle dansa

d'un air distrait, et je la remis respectueusement à sa place.

Je crois que je me suis exprimé un peu crument. Mais il est bien extraordinaire qu'on veuille se déclarer la rivale d'Angélique, comme si elle pouvait en avoir jamais... Oh, je n'entends pas raison là-dessus.

Cette femme d'ailleurs est assez bien pour donner des inquiétudes, et je ne me consolerais pas d'en avoir fait naître. « Oh! je romprai avec elle, dis-je à » madame Denneterre. — Pourquoi » rompre? pourquoi brusquer? Il faut » qu'une femme soit bien raisonnable » ou bien modeste pour rechercher » long-temps la vôtre : la plupart de » celles-ci s'en éloigneront volontiers. » Soyez froid seulement, et on ne fera » plus d'attention ni à elle, ni à vous.

» Ce pauvre globe est un mélange » de bien et de mal : il faut donc vivre » avec tout le monde. On n'arrache pas

» un rosier, parce qu'on s'y pique » quelquefois. — Tout cela est fort » bien; mais je rendrai ces fêtes, et » bien certainement elle n'y sera point. » Ce sera clair, je l'espère. Cela vou» dra dire : vous me faites bien de » l'honneur; mais, de grâce, laissez» moi tranquille.

» Vous auriez tort, reprit madame » Denneterre de ne pas la ménager; » son mari est un de nos premiers ma» gistrats. — Eh, que m'importe à moi? » L'ai-je élu pour me protéger ou me » nuire ? Je respecte, j'observe les » lois, et je ne crains personne.

» Quel est d'ailleurs l'homme rai» sonnable qui se fâche parce qu'on » lui laisse sa femme ? C'est tout ce » qu'il pourrait faire si on voulait la » lui ravir.

» Tenez, tenez, voyez-vous Angé» lique seule au milieu de ceux qui » l'environnent, sourde aux choses fla-

» teuses qu'on lui adresse, sans doute;
» la voyez-vous rêveuse et pensive ? Je
» vais la rendre à elle-même. Retirons-
» nous, ma chère amie. J'ai fait danser
» madame Denneterre; j'ai dansé avec
» toi : je n'ai plus rien à faire ici ».

Ah!... son œil se ranime, le sourire reparaît sur ses lèvres, sa jolie main presse la mienne. « Enfant que tu es,
» ne me fais donc pas de ces injustices-
» là. — Ah! si un homme aimable me
» faisait la cour!.. — Je le plaindrais,
» et je ne craindrais point. — Tu le
» crois »!

CHAPITRE IV.

Une reconnaissance.

Un billet de madame Denneterre. Son beau-frère est arrivé; elle nous attend à souper; il n'y aura que nous et Thibaut. Tant mieux; je ne craindrai pas les railleurs, et je reviendrai l'aimer ici quand bon me semblera.

Quel est donc ce beau-frère dont on ne nous a pas parlé jusqu'ici? Sans doute encore un homme de cabinet qui vient du fond de quelque département parler d'affaires à l'infatigable mari. Si ces gens-là ne sont point aimables, au moins ne sont-ils pas importuns.

Justine lui fait une demi-toilette; le cocher touche, nous arrivons, on nous présente le beau-frère... C'est l'officier de hussards avec qui nous avons soupé à Rouen.... Il m'embrasse : ah, c'est pour arriver à Angélique. Précisément, il l'embrasse aussi.... Cela n'était pas nécessaire. . Allons, allons, la circonstance le permet; il a bien fait d'en profiter.

Nous sommes tous trois surpris et flattés de nous revoir. Nous ne savions pas son nom, il ignorait le mien; il croyait souper avec quelques amis de son frère qu'il ne connaissait pas encore, et il s'applaudit de nous avoir retrouvés.

Il commandait un détachement à Rouen, son régiment vient en garnison à Paris, et il se propose d'avoir l'*honneur* de nous voir souvent. Je l'y engage très-fort. Le frère de madame Denneterre est notre ami de droit.

Il trouve Angélique charmante; il le lui dit, il le lui prouve par les attentions, par les procédés les plus délicats... Hé bien, tant mieux; l'hommage rendu à ma femme en est un à mon discernement, à mon heureuse fortune.

Il n'est encore que capitaine. Je connais quelqu'un au Luxembourg, je verrai à obtenir un régiment. On le lui doit : il a du mérite, il est instruit, et il est du petit nombre des officiers qui prouvent qu'on peut très-bien servir son pays, et n'être pas un ours.

Nous étions à peine à table, que madame Dercourt entra avec un empressement, un air folâtre, un ton caressant, un abandon... Elle avait appris au spectacle l'arrivée de Denneterre, et elle eût été *inconsolable* de ne pas le voir à l'instant. Je crois que cette femme-là aime tout le monde.

Il y a huit jours qu'elle n'a rencontré son mari, et elle en convient avec une aisance... Mais elle le cherchera, le pressera, l'excédera; il n'aura pas un moment de relâche qu'il n'ait signé l'avancement de Denneterre... Je la trouverai donc toujours dans mon chemin? Elle va m'ôter à présent le plaisir d'être utile. Il y a de cruelles gens!

On l'engage à souper par honnêteté, et elle accepte par goût. Ah! mon Dieu, il y a une place auprès de moi, elle va la prendre. Non, non, elle fait déranger tout le monde, elle s'assied auprès de l'officier, et elle me boude, moi. C'est, depuis que je la connais, la première fois que je n'ai pas à me plaindre d'elle.

Ah! la conversation s'engage entr'eux, on se parle à voix basse, les physionomies s'animent... Denneterre ne serait-il pas ce que je l'ai cru? Qu'elle le serve, si cela est; il ne m'intéresse plus.

Il faut savoir placer ses services; les prodiguer, c'est faiblesse.

Je me suis trop avancé avec ce jeune homme. L'ami de madame Dercourt

sera

sera difficilement le mien... Mais n'est-il ce pas là de l'originalité? Hé, qu'importe? l'original d'aujourd'hui est ce qu'on appelait autrefois un *honnête homme*.

J'ai travaillé vingt ans à acquérir ce titre respectable, je ne le sacrifierai point à l'usage... On me fuira... Hé, qu'y perdrai-je? n'ai-je pas Angélique et mon estime? que me faut-il avec cela?

Mais voilà du rigorisme. Faut-il fronder ouvertement ce qui blesse nos goûts, ce qui n'est pas dans nos habitudes? faut il s'ériger en réformateur?

J'étais plus indulgent autrefois; je le crois au moins. Est-ce parce que je n'avais à répondre que de moi? Le dépôt précieux que m'a confié madame Elliot m'inspirerait-il des alarmes? craindrais-je enfin la contagion de l'exemple ? La femme charmante saura s'en garantir. La sensitive ne se ferme-t-elle pas quand une main indiscrète l'approche ?

—

CHAPITRE V.

Un grain de jalousie.

Monsieur Denneterre est un homme de parole. Il est venu hier, aujourd'hui; il viendra sans doute demain. Il est insinuant avec moi; il cherche à se rendre intéressant auprès d'elle.. Peut-être aussi rêvai-je tout cela.

Un jeune homme veut paraître aimable; c'est naturel. Celui-ci d'ailleurs est respectueux. Est-ce bien tant mieux? Ce respect-là peut n'être que de l'adresse.

Ah! il vient nous demander à dîner. Il est sans façons, le monsieur... Allons, ne l'ai-je pas moi-même engagé à nous voir? Je crois que je deviens humoriste, grondeur. Prenons bien garde à cela: comment vouloir être aimé encore, quand on ne se donne plus la peine de plaire?

Il se met à table auprès d'elle, il ne parle à-peu-près qu'à elle, et elle répond... Eh, ne faut-il pas qu'elle réponde? Peut-elle lui dire : laissez-moi, vous m'excédez.

Je ne sais rien cacher de ce qui se passe en moi, j'ai dans les traits une mobilité qui me décèle ; l'aimable femme ne s'y trompe pas. Elle me marche sur le pied... Oui, j'entends. Voilà l'homme que je dois plaindre, et non redouter... Mais pourquoi cette assiduité? t'ai-je épousée pour qu'on t'obsède et moi aussi?

Ce sont les yeux qui disent tout cela. Une larme furtive s'échappe des siens. Je me lève, je l'essuie, je l'embrasse, le raccommodement est fait, et le fâcheux nous regarde d'un air étonné. Il ne nous comprend pas; nous parlons une langue étrangère.

Il a le bon esprit de se retirer, et certes je ne le retiens pas : une larme a coulé, et c'est lui qui en est cause. Oh! je le haïrais, si je pouvais haïr.

Cette larme pèse sur mon cœur; elle le froisse... je ne peux l'en arracher.

Elle voit que je souffre de sa peine ; elle s'efforce de paraître gaie ; elle est l'offensée, et c'est elle qui caresse.... N'avais-tu pas assez de qualités? Fallait-il que je fusse injuste, pour t'en découvrir une de plus?

Non, je ne suis pas atteint de ce mal funeste qui crée des fantômes, qui tourmente, qui persécute l'objet aimé, qui se nourrit de ses propres fureurs; je suis un amant passionné, qui t'estime, qui t'honore, mais qui craint de perdre une parcelle du bonheur dont tu l'enivres.

« Pardonne-moi de te tant aimer....
« Ton œil exprime de la reconnaissance!
« De la reconnaissance à moi!... Lais-

» sons tout cala, montons en voiture, » et allons aux Italiens ; ils donnent ta » pièce favorite : tu as besoin de te dis- » siper. »

Nous prenons une loge, celle de madame Dercourt est en face de la nôtre ; Denneterre y est avec elle. Est-il, ou fut-il son amant? ..... Je voudrais n'avoir pas l'air de les voir... Ils saluent Angélique ; il faut que je salue aussi.... Saluer ceux qu'on ne peut estimer !.....

Qu'est-ce que tout cela en effet? Un Dercourt qui ferme les yeux sur les écarts de sa femme ; un jeune homme qui met sa gloire à les multiplier ; une sœur dont la maison est un bureau d'intrigues, et qui n'en rougit pas! On n'arrache pas un rosier, parce qu'on s'y pique quelquefois ; mais si la piqûre peut être vénéneuse?...

Madame Dercourt et Denneterre se parlent confidemment ; ils nous regardent de temps en temps, et se cachent quelquefois dans leur mouchoir, pour rire, sans doute. Je leur parais un être bien bizarre... Ah! cela doit être : ce n'est que par mes habits que je ressemble aux gens du bon ton. Elle est avec moi celle qui dédommage de tout; riez, vous autres, moi je sens.

Thibaut frappe à notre loge; il est pâle, défait; il m'effraie. Je sors avec lui, et il m'apprend qu'une faillite inattendue lui fait perdre la moitié de son bien. Il ne désespère pas cependant de sauver quelque chose; mais il faut aller à Bordeaux, et il est venu chez moi me demander ma chaise de poste. Je le conduis au café, je lui fais prendre des spiritueux, et je le remets chez lui.

Je reviens prendre Angélique, et je trouve Denneterre avec elle... Pourquoi choisir précisément le moment de mon absence? qu'a-t-il de particulier à lui dire? Cette idée m'agite, me tourmente; mais je me possède, et mon dépit n'éclatera point. Le souvenir de cette larme est mon préservatif.

CHAPITRE VI.

Je pars pour Bordeaux.

Il y a quatre jours que Thibaut est parti; il devait m'écrire en route, et je ne reçois pas de ses nouvelles. J'en ai besoin cependant; l'amitié, je commence à le croire, est le seul sentiment étranger aux inquiétudes, aux chagrins : il se fortifie de ce que perdent les autres.

Des chagrins? je n'en ai pas, je n'en aurai jamais. Mes inquiétudes sont déraisonnables, je le sens... Eh! qu'ont de commun la raison et l'amour? Je l'adore, et tout est expliqué.

La sotte ville que Paris, dans certaines circonstances! Je donnerais la moitié de ma fortune pour être resté au Bois-Guillaume.

Si j'y retournais... Y retourner avant

le printemps, ce serait lui marquer une défiance injurieuse, une défiance que je n'ai pas. Je peux craindre ce qui l'entoure; mais elle!

Cet homme oserait-il lui dire ce qu'elle ne doit pas entendre? Ecouterait-elle rien qui pût la blesser... Elle en est incapable.

Je ne peux me le dissimuler, je suis jaloux. Cent fois je me suis élevé contre cette frénésie qui aggrave tout, et qui ne remédie à rien, et j'en suis atteint à mon tour, et pourquoi?.... Si du moins je pouvais me le dire. Que jamais, non jamais une seconde larme n'ajoute au poids dont me charge la première.

Souvent au sein des nuits les plus heureuses, dans ces momens où on parle sans penser, où on répond sans avoir entendu, je deviens maître de moi, j'écoute, et c'est mon nom que je recueille sur ses lèvres, c'est mon image que je trouve dans son cœur... Je me repens, je m'accuse, je me condamne... Denneterre paraît, il s'approche, mon sang bouillonne, et je sors précipitamment. Cette larme... oh! cette larme...

Ah! une lettre timbrée de Bordeaux... Ce n'est pas l'écriture de Thibaut, c'est le maître de son auberge qui m'écrit... Bon Dieu! Son postillon l'a versé en entrant dans la ville, il s'est cassé le bras droit, il ne peut finir ses affaires, il aurait besoin pendant quelques jours d'un homme de confiance... Non, non, je n'irai pas. Qui sait l'effet que peuvent produire sur une femme de vingt ans les suggestions adroites, les insinuations perfides... Denneterre, madame Dercourt!... Je suis aimé de l'une, l'autre prétend à plaire; ils ont intérêt à traverser mon bonheur. Non, je ne partirai pas.

Mais abandonner Thibaut malade, l'abandonner au moment où ses affaires sont dérangées, lui donner à penser que je n'étais que l'ami de sa fortune! je ne peux m'y résoudre.

Elle partira avec moi; j'ai le prétexte le plus plausible. Elle ne connaît pas Bordeaux, et c'est une ville à voir..... Cent lieues en poste par le temps rigoureux qu'il fait encore! au commencement d'une grossesse!..... Ce projet est d'un jaloux, il est insensé et barbare. Elle restera... Mais la laisser!....

Je vais écrire à madame Elliot. Je la prierai de venir pendant mon absence, de veiller sur sa fille, dont l'état exige des soins... Des précautions injurieuses! Les a-t-elle méritées; me flatté-je qu'elle n'en pénètre pas le but? Et cette larme, cette larme! l'ai-je donc oubliée?

Antoine me sert depuis quinze ans, il a toute ma confiance, il m'est sincèrement attaché; si je le chargeais d'observer, de suivre... La compromettre avec ses gens, l'outrager bassement!

quelle horreur! Non; je ne descendrai pas à ce degré d'avilissement..... Mais la laisser!

Eh! malheureux, sois donc homme un moment. Elle ne vit, elle ne respire que pour toi; que t'importe qu'un autre l'aime? As-tu cru que la femme la plus accomplie ne plairait jamais qu'à toi, et ne peut-on l'aimer sans chercher à te ravir son cœur? Madame Dercourt elle-même s'est expliquée assez clairement pour justifier tes soupçons présomptueux? Tu te dis honnête homme, et tu supposes le crime; tu prends tes présomptions pour des preuves, tu dégrades des êtres faibles peut-être, mais qui ne t'ont pas donné encore le droit de les mépriser.

Elle restera, elle restera seule maîtresse absolue de sa conduite. Elle sait que je suis jaloux, elle ne peut l'ignorer; elle verra du moins que je rougis de mes alarmes; que je veux m'en punir, ou plutôt elle sentira qu'elle n'a rien perdu de ma confiance, et que si je ne peux pas toujours me vaincre, je sais toujours la respecter.

Je lui montre la lettre de Bordeaux, je lui parle avec une tristesse profondément sentie de la nécessité de partir, je lui déclare avec calme l'intention où je suis de la laisser à Paris.

Elle m'observe attentivement, elle me tient la main, un de ses doigts est sur l'artère... Mon pouls est tranquille, elle se jette dans mes bras.

Elle me promet de m'écrire tous les jours, et elle ne me demande qu'un mot; un seul mot: J'aime toujours mon Angélique.

Je te l'écrirai ce mot, et j'en ajouterai un second: Je t'estime comme je t'aime.

Elle aide à Antoine à arranger une valise; elle prévoit ce qui peut m'être utile ou agréable; Antoine s'apprête à monter en voiture avec moi, je l'ai voulu ainsi. Mon cœur se serre, j'entends le pas des chevaux; ils sont sous la porte; l'aimable femme m'embrasse en pleurant... Oh! je laisse couler celles-ci, je ne me les reproche pas; elles soulagent mon cœur.

Je m'échappe de ses bras, je m'élance, les chevaux partent.... Ils n'ont pas fait vingt pas, et j'ai la tête à la portière. Elle est à la même place, ses yeux sont fixés sur ma chaise, ses bras élevés semblent invoquer le Ciel... Je fais arrêter; je descends, je retourne... Oh! non, je ne suis point jaloux. Sa candeur ingénue, ses caresses naïves me rendent à moi-même.

« Partons ensemble, me dit-elle. — « Je le désire autant que toi; mais ton » état... Mais ta tranquillité »!... Et ses larmes redoublent. Oh! celles-ci, c'est bien moi qui les arrache; mais je ne m'y rendrai pas. C'est pour moi seul qu'elle veut partir; il faut qu'elle reste pour son repos. Il faut qu'elle sache que je peux être loin d'elle, sans éprouver de tourment que celui de l'absence.

Le dernier adieu est dit, je suis remonté; j'ai levé les glaces, et je ne les baisserai plus : si je la regardais encore, je ne partirais pas... Ah! Thibaut, tes services sont payés au centuple!

CHAPITRE VII.

Voyage. Ennuis. Consolations.

ANTOINE est vraiment un homme de bonne société : il ne parle que quand on a l'air de vouloir lui répondre. « Hé bien, Antoine ? — Hé bien, » monsieur ? » Voilà tout ce que nous dîmes de Paris à Orléans.

En récompense il chantait d'une voix chévrotante tous les vieux airs qu'il croyait propres à m'égayer, et il se dédommageait, dans les auberges, de l'espèce de contrainte où je le tenais dans la voiture. A la vérité, il m'en coûtait quelque chose de plus ; car, avant que je fusse servi, on savait, depuis le maître jusqu'au dernier marmiton, que j'ai quarante mille livres de rente, une femme adorable, un ami qui s'est cassé le bras, etc. etc. Mais je ne pouvais raisonnablement exiger qu'il se tût de Paris à Bordeaux, et puisqu'on voulait bien l'interroger et lui répondre à la cuisine, il était naturel qu'il y parlât.

Nous courions jour et nuit, et à mesure que je m'éloignais, j'oubliais ce qui m'avait tant inquiété. Ses qualités, ses charmes, son dernier mot, son dernier baiser, voilà ce qui m'était présent, voilà ce que j'emportais. L'absence et la mort se ressemblent à certains égards La reconnaissance couvre de fleurs la tombe de l'objet qu'on regrette; le souvenir de quelques désagrémens passagers se dissipe et s'évanouit. C'est ainsi qu'au fort de l'hiver on se rappelle le soleil pour l'été : on oublie qu'il produit des orages.

J'avais pris mon grand porte-feuille de maroquin noir, et je lui écrivais sur mes genoux. Souvent le mouvement de la voiture dérangeait la plume et le papier; je m'impatientais, mais j'écrivais toujours. Ce n'est pas assez de penser à elle, il faut aussi lui parler.

J'avais un paquet énorme et à-peu-près indéchiffrable lorsque nous entrâmes à Tours. Cependant je le mis religieusement à la poste. Ce qu'elle m'inspire lui appartient; en retrancher une ligne, ce serait lui faire un larcin.

Nous arrivâmes enfin à Bordeaux. Je trouvai mon pauvre Thibaut bien malade, bien triste, abandonné à une garde qui mesurait ses soins sur son salaire : il se crut chez lui lorsque je fus à son chevet, et il oublia ses douleurs, pour ne sentir que le sacrifice que je faisais à l'amitié.

Il me parla de ses affaires. Elles étaient embrouillées, par conséquent difficiles à terminer. Mon séjour à Bordeaux pouvait être long. Je soupirai, il m'entendit, et ne fut point offensé. Il sait combien il m'est cher; il sait aussi que je ne suis bien qu'avec elle. C'est le lierre qui veut vivre et mourir avec le jeune ormeau auquel il s'est attaché : une main barbare le transplante, il languit, il se dessèche.

Pendant que je cours chez son débiteur, chez les avoués, Antoine me remplace à côté du lit du malade. Il lui lit les journaux, il lui fait des contes, il le fait rire quelquefois. De l'ennui de moins, des amis de plus, cela hâte une convalescence.

Et moi, j'agis, je sollicite, je presse, je prévois les obstacles, j'aplanis les difficultés, je travaille jour et nuit, et je recevrai un double prix de mon zèle : Thibaut ne perdra que peu de chose, et je la reverrai quelques jours plutôt.

Ah, le facteur !... Je cours au-devant de lui, je prends, je retourne ses lettres..... La voilà celle que j'attends ; j'ai reconnu l'écriture de l'enchanteteresse. Je brise le cachet.... C'est le cœur le plus pur qui s'épanche, qui parle, qui répond au mien. Ces caractères nous rapprochent; il n'est plus d'espace entre nous, il n'y a que des privations.

Hé! n'est-ce rien que la certitude de les voir cesser? Les services rendus à Thibaut n'en adoucissent-ils pas l'amertume

J'écris à mon tour, ma plume court, et je suis étonné d'avoir rempli la quatrième page. Je prends une seconde feuille, j'en aurais pris une troisième, si notre avoué ne fût entré..... Adieu, femme charmante, je te quitte pour parler chicane..... Oh! c'est bien te quitter.

Tous les jours une lettre, tous les jours une réponse. Je n'en reçois pas qui ne me rappelle notre séparation; je n'en lis point qui ne me console.

Thibaut est bien, et commence à se

lever; il sortira dans quelques jours. Ses affaires s'arrangent, son débiteur consent à transiger à soixante-quinze pour cent; tout peut être fini dans la huitaine. Je ne resterai pas un jour, une heure, une minute de plus. Le temps perdu pour le bonheur ne se retrouve jamais.

Voilà l'heure de la poste, et le facteur ne paraît pas Point de lettre aujourd'hui! Que la journée sera longue! et la paresseuse y gagnera : je passerai à lui écrire le temps où je l'aurais lue.

Méchante! tu as pu être vingt-quatre heures sans m'écrire! Se seraient-elles écoulées sans que tu aies pensé à moi? Non, non, cela ne se peut pas, ou il n'y aurait plus de sympathie. Quoi qu'il en soit, je ne me plaindrai point. Exiger d'elle quelque chose! jamais. Hé! qu'y gagnerais-je? C'est à son cœur à lui faire prendre la plume : la complaisance, les procédés ne remplacent jamais celui-là.... Toujours extrêmes, toujours exigeans, voilà les maris, et il faut que les femmes se soumettent à cela !

Ne me corrigerai-je jamais? Quelqu'embarras, une légère indisposition, une inadvertance à la poste, en faut-il davantage? Demain peut-être j'en recevrai deux.

Non, il n'y en a qu'une, et j'ose à peine me l'avouer.... Je n'y trouve pas ce charme, cette vérité, cette chaleur pénétrante qui animait les premières. Denneterre ... encore cet homme! que peut-il y avoir de commun entre elle et lui? J'ai déjà été injuste, deviendrai-je tyrannique?.... Cette larme, malheureux, cette larme ne te suit-elle pas partout? La plaie qu'elle a faite à ton cœur est-elle déjà cicatrisée?

Oserais-je me flatter d'aimer plus qu'elle, et aimai-je toujours de la même manière? N'est-il pas des momens où mes facultés reployées sur elles-mêmes, perdent leur force expansive, et sont muettes par l'excès même de leur sensibilité?

Elle a écrit pour écrire; à la bonne heure; elle a écrit, du moins. Dois-je lui souhaiter une fièvre brûlante et continue, une fermentation destructrice des organes?.... Eh! les volcans eux-mêmes ont des temps de repos.

CHAPITRE

CHAPITRE VIII.

Retour à Paris.

Encore deux jours, deux jours entiers sans voir le facteur! C'est trop; je ne peux vivre ainsi : je partirai demain, si elle ne m'a pas écrit. J'ai fait assez pour l'amitié ; que l'amour reprenne tout ses droits.

La voilà, la voilà cette lettre que je désirais si ardemment. Je la tiens, je l'ouvre avec vivacité, je la lis, et je me désole. Je n'en saurais douter, son style se refroidit, ses phrases sont contraintes; le mot *j'aime* est cherché, il n'arrive plus naturellement : elle commence à avoir de l'esprit.

Je prends au hasard parmi celles qu'elle m'écrivait d'abord; j'en compare une à celle que je reçois : il est trop vrai, il n'y a pas de ressemblance... C'est encore sa main, mais ce n'est plus son cœur.

Un mois, un seul mois a opéré ce changement inattendu, inconcevable!.. Il ne fallait pas la quitter, je ne le voulais pas, je ne le devais pas... Que dis-je, j'ai remplis envers Thibaut un devoir indispensable : je ne peux me repentir. Malheur à l'homme qui rapporte tout à lui, qui ne voit que lui dans la nature!

Je me mets à mon secrétaire, je lui écris, je me plains, je lui reproche sa froideur, je demande comment je l'ai méritée, je la conjure, je la supplie de me le dire. Ai-je donc eu quelque tort que je ne soupçonne pas? Je reviens sur ma conduite, sur mes procédés, sur mes actions les plus indifférentes, et je ne vois rien, non rien que de l'amour, encore de l'amour, et toujours de l'amour.

Je relis ma lettre... elle est forte ; quelques expressions me paraissent dures. Des reproches, des réclamations, et à quoi bon ? à lui apprendre à dissimuler.

Qu'elle ignore toujours, s'il est possible, l'art cruel de me tromper. Il est moins affreux peut-être de supporter son infortune, que de la craindre sans cesse, de l'attendre, d'y croire sans en être convaincu : ce sont deux maux pour un.

Je déchire cette lettre, et j'en commence une seconde. Je m'efforce, en écrivant, d'oublier que je souffre ; j'écris comme je lui parlais quand son cœur volait au-devant du mien, quand son sourire m'invitait au bonheur : je lui apprendrai comme on aime. Elle se ranimera peut-être à l'expression du sentiment le plus vif, le plus pur, le plus vrai.... Insensé ! que gagnerai-je à être lu, si elle a cessé de m'aimer ?

L'amour ne renaît pas de ses cendres.

Cesser de m'aimer! ce mot renverse toutes mes idées, il me jette dans un désordre qui approche du délire... Je ne sais à quel parti m'arrêter. Denneterre! si c'était toi... Si un plan de séduction combiné avec art, suivi avec adresse... Tremble! c'est toi, c'est toi seul que je punirai! Inconstante, je l'adorerais encore; infidèle, je ne pourrais la haïr... Mais toi... toi... « Antoine, des » chevaux, des chevaux à l'instant » même. — Mais, monsieur..... — » Obéissez. — Et votre ami? — Ah, » oui.... oui, il faut que je prenne » congé de lui; je l'attendrai.... Mais » allez à la poste, courez, volez ».

Thibaut rentre, il est effrayé de mon état. Il m'interroge, je suis incapable de lui répondre; je le serre dans mes bras, je le laisse muet, stupéfait, je monte dans une chaise, je répands l'or sur la route, les chevaux ont des ailes, mes roues brûlent le pavé.

Je n'arrête pas. Un bouillon à Poitiers, un verre de vin à Etampes; j'arrive à Paris en quarante heures.

Je monte à mon appartement, j'en parcours toutes les pièces... Personne. Je sonne, j'appelle; Justine paraît. « Où est madame? — Elle est au bal. « Chez qui? — Chez madame Denne-» terre. — Qu'on l'avertisse de mon arri-» vée ». Et je tombe de lassitude et de faiblesse. Antoine me déshabille, me met au lit; il m'apporte un consommé.

Je compte les minutes, les secondes; j'entends ouvrir la première porte, je reconnais sa voix; elle s'élance, elle se précipite, ses caresses ne sont pas étudiées; je la retrouve telle que je la désirais, telle que je l'avais toujours vue... Je ne sais plus que penser.

Mon sang calmé, mes terreurs dissipées; l'excès de la fatigue l'emporte même sur l'excès de l'amour : je m'endors profondément.

Je m'éveille au point du jour, je tire mes rideaux ; elle était auprès du feu, en robe du soir; elle sommeillait dans une bergère : elle n'avait pas voulu me quitter. Tout cela est incompréhensible.

Je me trouve bien, et je m'habille. Elle s'éveille à son tour, elle s'assure que ma santé n'a pas souffert, et elle me quitte avec la froideur qui m'avait blessé dans ses lettres. Elle s'enferme avec Justine ; elle a, dit-elle, besoin de repos : je ne la revois pas du reste de la journée.... Je m'y perds.

Quel trait de lumière !.... que je serais heureux de pouvoir m'y arrêter! Les femmes, dit-on, ont dans cet état des irrégularités physiques et morales. Si c'était cela! oh! je n'aurai pas l'air de le remarquer ; je me prêterai à tout ce que pourra désirer et vouloir celle qui va me rendre père. L'enfant chéri n'éprouvera pas de secousses, avant d'avoir vu la lumière. Qu'il naisse au moins en paix : il lui restera soixante ans pour la douleur.

CHAPITRE IX.

Elle me néglige tout-à-fait.

Ce n'est pas son état, ce n'est pas cela; je m'étais trop flatté. Je l'observe, je l'étudie, je juge sans passion....... malheureusement ce n'est pas cela.

C'est avec intention, c'est de sang-froid qu'elle se livre au tourbillon qui l'a séduit, qui l'entraîne, qu'elle me laisse seul avec son image. A mon retour de Bordeaux, un éclair de plaisir m'avait fait tout oublier : il s'est évanoui comme un songe léger.

Pendant qu'elle me délaisse, qu'elle cherche des plaisirs qui lui étaient indifférens, qu'elle prodigue son esprit et ses grâces à des êtres qui ne savent pas l'apprécier, je visite ces lieux où je la trouvais si empressée, si tendre. Cette chaise longue, cette ottomane, ce gilet vert, cette petite robe qu'elle avait sur la glace; ce petit soulier jonquille qui chaussait son pied mignon, lorsqu'elle me conduisait sur la route de Rouen, son bras amoureusement passé autour de moi, tout cela est sous mes yeux, rangé par ordre autour de mon guéridon. Je n'existe que de mes souvenirs.

Hé bien, ces souvenirs me tourmentent encore; ils me rappellent plus cruellement son absence.

Antoine ne me quitte pas, lui. Il voit que je ne suis pas bien; je n'ai pu le lui cacher, et il est là, toujours là. Nous parlons d'elle.... Être réduit à en parler!

Si je disais un mot, sans doute elle resterait avec moi; mais elle y serait mal, puisqu'elle cherche ailleurs ce qu'elle ne trouve plus ici.

Et puis, que lui dirai-je qu'elle ne sache déjà? Rester ici, n'est-ce pas improuver tacitement sa conduite? elle ne se rend point à cela : sera-t-elle plus docile au reproche? J'ai perdu son cœur; c'est assez, c'en est trop; je n'encourrai point sa haine : l'aigreur l'amènerait inévitablement. La mésintelligence ouverte, des éclats scandaleux, voilà ce que je prévois, ce qui arriverait. Il vaut mieux souffrir et me taire.

« A propos, dis-je à Justine que je » rencontre quelquefois, pourquoi » Jeanneton ne vient-elle plus déjeu- » ner? pourquoi ne l'ai-je pas vue depuis » mon retour? — Il y a quinze jours » qu'elle ne paraît plus ici. — Et la » raison? — Je l'ignore, monsieur ». J'irai la voir, moi, je n'ai pas oublié le chemin de la rue de Bièvre.

Bonne et aimante Jeanneton! il y a huit jours que je suis à Paris; elle me croyait encore à Bordeaux. Elle n'a pas changé, elle. Elle est à présent mon unique amie.

Je me suis plaint de ce qu'elle négligeait Angélique; elle s'est chargée de tous les torts : elle me trompait avec une adresse dont je ne peux m'empêcher de lui savoir gré. Bastien, qui a moins d'usage, s'est contredit, s'est coupé. J'ai compris enfin qu'elle a cessé de la bien recevoir.

Cesser de la bien recevoir!.. Ah! j'y suis. Elle aime toujours son Bastien, et sa conduite est la critique parlante de celle d'Angélique. Heureux Bastien!

Je ne serai pas injuste. J'aimerai toujours Jeanneton, je l'estimerai davantage. C'est chez elle que je passerai les momens où je n'aurai pas la force de supporter mes chagrins.

Deux heures du matin, et elle n'est pas rentrée encore! C'est plus que de la dissipation, c'est du désordre, et ma condescendance devient une faiblesse.

Que répondrai-je à ceux qui me diront : Elle est perdue, et vous y avez consenti? Il faut agir, la ramener aux bienséances, à la raison; il faut enfin lui conserver l'honneur.

Oui, désormais je sortirai avec elle, je l'accompagnerai partout. Cette assiduité lui déplaira peut-être...Hé, qu'importe? si je la sauve, c'est maintenant tout ce que je peux espérer.

Je rassemblerai toutes mes forces, j'attaquerai, je surmonterai un amour brûlant, impétueux, qu'elle ne partage plus; mais je serai toujours son appui, son guide, son plus sincère ami.

Oublier que je fus son amant, parvenir à ne plus l'être... je périrais donc à l'instant où j'en formerais le dessein. Cet amour, quelque malheureux qu'il soit, est toujours inhérent à mon être: nous nous éteindrons ensemble.

Si tu me connaissais bien, si tu lisais dans ce cœur qui ne bat que pour toi, et que ton indifférence déchire, tu pleurerais en larmes de sang les maux que tu me causes.

Peux-tu les ignorer? Mes joues cavées, mes yeux éteints ne te disent-ils pas que je languis, que je me déssèche, que je me meurs... et tu es sans pitié!

Et cependant que pouvais-je de plus? N'ai-je pas versé sur toi la portion de bonheur dont je pouvais disposer? Je te donnerais mon sang, oui, mon sang... Je le répandrais, si j'étais sûr que tu le payasses seulement d'un soupir.

Mais laissons ces pensées sinistres, et suivons notre plan. Me voilà donc rejeté dans un monde importun. Je passe des heures au milieu de gens qui me déplaisent, et cela uniquement parce que sa réputation est inattaquable partout où je suis avec elle.

Le croira-t-on? il est des momens où son œil humide se tourne sur moi, où elle paraît compâtir à mon état de douleur. Elle se lève, elle vient à moi, et lorsque mon ame anéantie se retrouve et renaît à l'espoir, elle me laisse, elle s'éloigne; son Denneterre la rejoint, elle l'écoute, elle lui sourit... Désespoir! fureur!

Cette scène s'était plusieurs fois renouvelée; mais aujourd'hui je ne peux la soutenir : ma patience est épuisée, ma raison est impuissante. Il est officier de hussards; mais j'ai été gendarme, et à Lunéville nous n'avions qu'un mot : *Vaincre ou mourir.* Ce mot-là, je ne l'ai pas oublié.

Je sors du cercle fatigant et futile, je cours chez moi, je charge mes pistolets, je reviens, je me retire dans une allée en face de la porte cochère : je l'attends. Il n'y a qu'un pas d'ici aux boulevarts, et à minuit il n'y passe personne.

Je reste là une heure entière, animé par l'idée d'une vengeance éclatante.

Une réflexion tardive, mais d'un effet sûr, me rend à moi-même. « Quelle » que soit l'issue du combat, ta femme » est déshonorée ». Ah! malheureux, laissons-lui le seul bien qui lui reste. Souffrons, je le répète, souffrons, et taisons-nous.

Je jette mes armes derrière une borne, je rentre; je me compose; je parais tranquille... l'enfer est dans mon cœur.

Il est auprès d'elle, toujours auprès d'elle... Y serait-il, s'il n'était sûr de plaire? Ils me regardent tous deux : ils se parlent bas, Denneterre ricane...., Je ne me connais plus. Je fouille, je cherche dans mes poches... Je n'ai pas mes pistolets... Non, je les ai laissés à cette borne... Ah! tant mieux, j'allais me souiller d'un assassinat.

Encore une réflexion... Le moindre propos, une simple marque de mécontentement peuvent aussi fixer la malignité, et la perdre, comme un combat, dans l'esprit des honnêtes gens. Hé bien, je m'immole tout entier; je ménage un odieux rival; je prends mon chapeau, je m'échappe, je rentre chez moi. Antoine m'attend, je tombe dans ses bras, et j'ai la triste satisfaction de le voir pleurer avec moi.

CHAPITRE

CHAPITRE X.

Je ne peux pas mourir.

Il n'est pas d'organes assez forts pour résister à cet état violent. Dès cette nuit même, une fièvre ardente me saisit, ma tête se troubla. Je me rappelle qu'elle rentra pendant que le bon Antoine me déchaussait. A travers le voile épais qui déjà m'obscurcissait la vue, je la vis prendre un tabouret, elle s'assit a mes pieds, elle saisit ma main; des larmes corrosives la mouillèrent, et allumèrent tout-à-fait une imagination déjà trop exaltée. Je voulus parler; les mots expiraient sur mes lèvres, je ne trouvai pas un son...... D'un bras furieux et égaré, je la poussai loin de moi, l'ingrate qui mentait à son cœur..... Je ne me souviens plus de rien.

Le mal se calma, je retrouvai ma triste raison; je regardai autour de moi, j'étais seul avec Antoine. « — Quel est ce lit qu'on a dressé » vis-à-vis du mien? — C'est là que » madame s'est reposée quelquefois. » — Elle a couché ici, Antoine? » — Pendant dix-sept jours elle » n'est pas sortie de cette chambre. » — Et c'est elle qui m'a donné des » soins? — C'est elle, monsieur, c'est » elle seule; elle ne s'en est rapportée à personne, pas même à moi. » — C'est inconcevable..... Hé, dis-» moi, mon ami, a-t-elle reçu quel-» qu'un? — Il est venu plusieurs fois » cet autre...... vous savez bien? » l'officier...... mais madame l'avait » consigné à la porte. — Tu ne sais » pas, Antoine, tu ne sais pas le bien » que tu me fais : je t'en remercie....

» Et Jeanneton? — Elle s'est aussi
» présentée; madame a dit sèche-
» ment que vous n'étiez pas dans un
» état à être vu. Elle n'a reçu que
» monsieur Thibaut. — Thibaut est
» ici? — Oui, monsieur, et il vien-
» dra sûrement dans la journée. Mais
» ne parlez pas, votre médecin l'a dé-
» fendu.

» Encore un mot, Antoine. Que di-
» sais-je dans mon délire? — Vous n'a-
» vez pas tenu de discours suivi. Vous
» prononciez souvent le nom de ma-
» dame. — Je le crois. — Vous avez
» aussi nommé Jeanneton. Madame
» s'approchait en pleurant, toutes
» les fois que vous l'appeliez. Elle
» a pleuré sur-tout quand les mé-
» decins ont déclaré qu'ils désespé-
» raient de vous. Elle a été deux jours
» sans rien prendre. J'ai cru qu'elle
» voulait mourir aussi, et j'ai été cher-
» cher monsieur Thibaut. Il lui a dit

» de très-belles choses ; il l'a priée » de penser à son enfant, et elle a » consenti à manger. Mais en voilà » assez. Par grâce, monsieur, ne par» lez plus ».

Je me tus, mais je pensais profondément à tout ce qu'Antoine venait de me dire. M'accorder les soins les plus soutenus, les plus empressés, les plus tendres ! Pleurer sur moi ! refuser sur-tout, refuser de voir Denneterre ! Elle s'est donc repentie ; ses premiers feux se sont donc rallumés ! Elle n'avait pas oublié entièrement l'homme qui l'adore, et qui lui fut si cher..... Je suis le seul coupable ; je l'avais jugée trop sévèrement. Elle a été légère, inconséquente même ; ses erreurs tenaient à son âge : elles ne venaient pas de son cœur.

Que le passé s'efface de mon esprit, comme le souvenir d'un songe pénible; je ne le lui rappellerai point: je l'oublierai moi-même dans ses bras.

La voilà, la voilà, c'est elle. Elle entre, je lui présente la main, elle s'approche, elle m'embrasse; j'ai encore respiré son haleine. Ses traits expriment la joie et la tendresse..... Je l'ai donc retrouvée !

Je veux lui parler; ses jolis doigts s'appuient sur mes lèvres. « Le médecin l'a défendu, moi, je t'en prie; » encore cela pour Angélique ». Elle prie et elle caresse ! Il n'en fallait pas tant : je suis muet.

Thibaut est venu aussi. Ils sont assis auprès du feu; ils parlent à demi-voix, sans doute pour ménager ma tête vide et faible encore. Je ne saisis que des mots coupés...... cela m'impatiente. « Non, ne lui en parlez jamais, reprend-il plus haut. Je » vous toujours dit qu'en admettant

» que vos soupçons fussent fondés, » cela ne pourrait durer ». Je n'entends pas ce qu'il veut dire, et elle m'a prié de me taire...... Craindraient-ils quelque nouvelle crise? Je sens bien, moi, que ma convalescence ne sera pas longue. Mon médecin paraît s'applaudir beaucoup de sa cure : ce n'est pas lui, c'est elle qui m'a guéri.

Mon ami d'un côté, l'enchanteresse de l'autre..... il ne me manque que Jeanneton. Je ne l'engagerai pas à venir : je les gênerais l'une et l'autre. Mais quand je pourrai sortir, je ménagerai ce raccommodement-là. Elles sont faites pour s'aimer : je dissiperai facilement un nuage léger.

Enfin je peux parler, je peux lui marquer ma reconnaissance, je peux répondre aux expressions de son amour. Me voilà heureux encore, plus heureux peut-être que je ne l'ai jamais été. Après un orage passager, le ciel paraît plus brillant et plus pur. . . . . . . * . . . .

. . . .

La faculté n'avait plus d'empire sur moi, le temps était beau, je me disposais à sortir. Elle m'offrit de m'accompagner : c'était encore une faveur. Nous montâmes en voiture, et nous allâmes sur le boulevart neuf, jouir du premier développement de la nature. Il me semblait renaître avec elle : nous étions à la mi-avril.

Nous revenions par la rue Saint-Jacques ; je pensai, au coin de la rue Galande, que le logis de Bastien n'était qu'à deux pas : j'ordonnai au cocher de nous y conduire. Jeanneton, disais-je en moi-même, saura gré à l'aimable femme d'avoir fait la première démarche ; on se parlera comme de coutume, et on ne pensera plus à rien.

En arrivant au coin de la rue de Bièvre, elle m'opposa une résistance que je n'attendais pas. Elle refusa constamment de descendre; elle trouva des raisons, elle prétexta des affaires, des embarras de ménage : elle se fit reconduire à la maison. D'où pouvait venir une répugnance qu'à peine elle dissimulait? L'état de Jeanneton est au-dessous du sien, elle ne veut pas aller au-devant d'une réconciliation; un grain de vanité la retient..... Je n'insistai pas, et je lui pardonnai cette faiblesse, la seule que je lui connusse.

Les amis de la rue de Bièvre me retinrent à dîner. Je voulais m'en défendre : il fallut céder à leur cordialité, à leurs instances. Ils me voyaient si rarement! ils désiraient si ardemment de célébrer mon retour à la vie! Bastien d'ailleurs voulait me rendre mes mille écus, et un char-

cutier

cutier ne règle ses comptes que le verre à la main. J'envoyai donc chez moi dire que je ne dînerais point. Nous fêtâmes tour-à-tour l'andouillette, le jambonneau, et le barbillon que Jeanneton avait été prendre pour moi chez l'obligeante cousine.

Le repas fut très-gai. Bastien le termina en me servant un plat tel qu'on n'en trouve à aucune table : il contenait ma somme en or. Cette gentillesse donna lieu à mille saillies, bonnes ou mauvaises ; aux saillies succédèrent des traits de sentiment, une explication franche : enfin je quittai Jeanneton très-disposée à revoir la femme charmante, dès qu'elle voudrait la recevoir.

Je leur avais donné trois heures ; je destinais le reste de la journée à celle qui réunit sur elle seule toutes les sensations : je me promettais une soirée d'épanchement, d'abandon et d'amour.

Je me jetai dans un assez vilain fiacre, le premier qui se présenta : je suis toujours pressé d'arriver, quand je retourne auprès d'elle.

J'arrive, je l'appelle.... Elle était sortie. Justine me remet un billet ; il ne renfermait que deux lignes. « Je vais » m'amuser de mon côté ; peut-être ne « rentrerai-je que demain ».

Je restai accablé d'étonnement et de douleur. Le ton tranchant et ironique de cet inexprimable billet me rejeta dans les angoisses que la nature et ma jeunesse venaient à peine de surmonter. Passer la nuit dehors, sans mon aveu, sans que je susse où, était pour moi une chose aussi nouvelle qu'offensante. Je courus chez madame Denneterre!.... personne. Mon indignation, mon amour même m'entraînèrent pour la première fois chez madame Dercourt, chez cette femme que je ne voulais pas voir, chez qui je ne devais pas trouver la mienne, et que je fus désespéré de n'y pas rencontrer.

Je rentrai profondément blessé, et décidé à m'expliquer le lendemain en homme incapable de glisser sur une faute aussi grave. Bientôt mon cœur, mon faible cœur, toujours d'intelligence avec elle, s'efforça de l'excuser. La délicatesse, l'honneur même se turent devant son image enchanteresse, que son absence, que mes terreurs rendaient plus séduisante encore.

Je me reprochai ma précipitation, je m'accusai d'injustice. Je crus voir dans sa conduite quelque chose d'extraordinaire, de mystérieux, que je ne pouvais éclaircir qu'avec elle, et qu'elle ne refuserait pas de m'expliquer : je résolus donc de l'attendre. Son assiduité pendant ma maladie, ses tendres soins, sa porte fermée à Denneterre, les expressions de l'amour le plus pur qu'elle me prodiguait encore le matin, mille circonstances concouraient à me rassurer ; et aussitôt ce billet, ce malheureux billet brouillait, renversait toutes mes idées...... Elles devaient être bientôt fixées, et d'une manière désèspérante.

CHAPITRE XI.

Catastrophe.

Il était onze heures du soir, j'étais dans un fauteuil, ma tête sur mes genoux, absorbé dans mes réflexions. J'entends frapper à grands coups à la porte de la rue; j'espère, je me flatte, je crois que c'est elle. Je me lève, je saute les escaliers..... Un inconnu me remet une lettre, et disparaît.

Je ne crois pas aux pressentimens, et cependant je tremblai en ouvrant cette lettre. Dès les premières lignes, une sueur froide découla de tous mes membres: en lisant les derniers mots, je jetai un cri perçant, et je tombai sur le parquet, privé de sentiment.

Antoine, le cruel Antoine me fit respirer des sels : il me rendit à moi-même et au désespoir.

Je repris cette lettre fatale ; je n'en croyais pas mes yeux : j'eus le courage de la relire plusieurs fois. « Tu la » liras aussi, dis-je à Antoine : tiens, » prends, lis... Je veux que tu lises, » et à quelques excès que je me porte, » tu les approuveras ».

Il pâlit en lisant, et son profond silence semblait justifier ma fureur, Qui eût pu la condamner ? Lisez aussi, et jugez.

« Vous êtes le jouet d'une femme » qui vous trompe indignement. Elle » a cette nuit un rendez-vous dans » une maison suspecte, rue de Gre- » nelle-Saint-Honoré, numéro 2520, » au troisième étage. On ne signe pas » de pareils avis ; mais vous pouvez à » cette heure même vous convaincre » de la vérité ».

Marchons, dis-je à Antoine ; je veux m'assurer de mon malheur, je veux voir si en effet elle est dégradée, ou si cet écrit est d'un infâme calomniateur.

Angélique, sans pudeur, sans vertu, me faisant le dernier outrage, était une monstruosité ; une horreur qui me paraissait impossible..... Cependant vous pouvez à cette heure même, dit l'écrivain atrocement officieux, vous pouvez vous convaincre de la vérité.... Allons, Antoine, allons.

Nous sortîmes à pied : mon vieux Antoine devait seul savoir combien j'étais torturé, combien sa maîtresse était vile. Je m'appuyais sur lui, et il avait peine à me soutenir : mes genoux se dérobaient sous moi.

Nous arrivâmes au coin de la rue de l'Arbre-Sec ; j'y trouvai ce carrosse gris-de-lin..... Ne parlons plus de ce temps-là. « Où est madame, dis-je

» au cocher ? — Je ne sais, monsieur.
» — Où a-t-elle passé la journée ?
» — Chez monsieur Thibaut. — Chez
» Thibaut !... Dieu ! grand Dieu !....
» entends-tu, Antoine ? entends-tu?...
» c'est chez Thibaut qu'elle a passé
» la journée. L'anonyme est un scé-
» lérat, et je respire. Et où t'a-t-elle
» quitté, repris-je en m'adressant au
» cocher ? — Ici même : il est survenu
» un embarras, des batteries ; un
» monsieur est monté à la portière,
» il a parlé à madame, il a fait avancer
» une chaise à porteurs, elle y est
» entrée, et ils sont partis après
» m'avoir ordonné d'attendre ».

La fin de ce récit dissipa la lueur d'espérance qui m'avait séduit un moment. Je m'éloignai avec Antoine. « Elle est coupable, elle est cou-
» pable, lui disais-je d'une voix
» étouffée ; elle n'a été chez Thibaut
» que pour me cacher plus sûrement

» son infamie ; elle n'avait à son retour
» qu'un mot à me dire : C'est de chez
» votre ami que je sors, et le crime
» restait enseveli ».

Je ne pouvais plus douter ; il était inutile d'aller plus loin : mais je prétendais la convaincre, lui ôter les moyens d'abuser de ma crédulité, ou plutôt je cherchais la certitude absolue du malheur de toute ma vie.

Je m'avançai vers cette rue de Grenelle, poussé par la rage qui me maîtrisait. A la lueur pâle et vacillante des reverbères, nous cherchâmes, nous démêlâmes ce numéro 2520, une porte ouverte, une longue allée... J'entre, la main sur un couteau à gaîne, que j'avais pris sur moi ; Antoine me suit : je trouve, je prends la rampe de l'escalier.

Nous avons à peine monté quelques marches, que j'aperçois sur le mur le reflet d'une lumière; on ferme une porte, on parle, on descend, je distingue la voix de l'infidelle. « Il est » trop tard, dis-je à voix basse, je » n'aurai pas de preuves réelles..... » écoutons, du moins ». Je prends Antoine, je le pousse sous l'escalier, je m'y presse contre lui.

Les voilà dans l'allée. J'avance la tête. Elle tient la main d'un homme que je ne vois que par derrière, mais qui n'est pas l'officier : il fait un faux pas. « Prends garde, mon ami, dit- » elle ».... Prends garde!.... mon ami!.... Le couteau est levé, je m'élance..... Antoine me saisit le bras et m'arrête; une femme âgée et très-bien mise, qui portait la bougie, se trouve entre eux et moi : les coupables sortent paisiblement.

Je me remets dans l'enfoncement, pétrifié, anéanti, et la femme qui les a éclairés, remonte sans nous apercevoir.

Je rougis de l'avouer, je l'aimais au point de chercher encore à me faire illusion. Si cet homme, pensais-je, était un parent de madame Elliot, qu'il l'ait cherchée chez moi, chez Thibaut, qu'il ait enfin rencontré et reconnu sa voiture.... Mais pourquoi cette chaise à porteurs, pourquoi entrer ici?.... Cette dame qui les conduisait a l'air honnête. Si je prenais quelques renseignemens.... J'en prendrai, et du moins je n'aurai rien négligé pour la trouver innocente.

Nous montâmes au troisième, nous entrons. Plusieurs femmes, riant aux éclats, arrivent successivement dans un salon assez propre. Je m'adresse à celle que j'ai vue en bas : les propos dissolus, les provocations obscènes, voilà ce que je vois, ce que j'entends dans ce lieu de débauche; et c'est là, grand Dieu! c'est là que j'ai trouvé ma femme! c'est de là qu'elle sort, le front calme et serein!........ Elle a donc l'habitude du vice!

Je daigne encore adresser la parole à ces prostituées, je les interroge, et je reçois cette réponse foudroyante: « C'est une petite femme » charmante dont le mari est jaloux, » et qui viendra quelquefois se dé» dommager ici de la contrainte où il » la tient ».

Ainsi donc elle m'accuse! elle rejette sur son déplorable époux des horreurs qu'il croit à peine, après en avoir été témoin. J'étais jaloux..... oui, je l'étais; mais combien j'avais raison de l'être! Je l'ai contrainte, moi!...... Hé! je n'ai jamais eu de volonté que la sienne. Pourquoi joindre le mensonge à la perfidie? A-t-elle besoin d'excuses avec ses complices? En faut-il auprès des malheureuses auxquelles elle s'est assimilée? Ignore-t-elle encore que dans ces antres de corruption, il n'est de divinité que le vice?

Voilà à peu près ce que je pensais, ou ce que je disais à Antoine en m'éloignant avec lui de cette affreuse maison, éperdu, délirant, accablé, atterré sous la verge de fer d'un sort injuste et barbare. Je sentais avec une joie secrète mon orgueil révolté, soutenir, accroître mon ressentiment, et mon amour, mon lâche amour céder enfin au plus profond mépris..... Oui, je la méprisais, je la haïssais même..... je le croyais, du moins.

Je marchais d'un pas ferme et assuré, mais je marchais au hasard, incertain de la route que je tenais, incapable de penser d'une manière suivie, et dans l'impossibilité totale de prendre un parti.

Antoine, excédé de fatigue, me supplia d'arrêter. Je regardai autour de moi, et je reconnus le pont de Neuilly : j'entendis sonner deux heures ; toutes les maisons étaient fermées, le froid gagnait mon vieux domestique. Je frappai à plusieurs portes : on ne m'entendit point, ou on ne voulut pas nous ouvrir. Je trouvai quelques brins de paille, je les étendis sur un banc de pierre, j'y fis coucher mon fidèle Antoine, et je le couvris de mes habits. Il résistait, et pour la première fois je lui parlai en maître.

Je me suis toujours rappelé ce trait avec satisfaction : il a quelque mérite dans l'état où je me trouvais.

Je passai les trois heures qui précédaient le jour, à me promener à grands pas : je pensais à ma honte, aux maux interminables qui allaient empoisonner ma vie ; je formais des projets qui se détruisaient les uns les autres : tout ce que je pus enfin, dans le désordre où j'étais en proie, fut de jurer par l'honneur de ne point pardonner, et j'étais incapable de manquer à ce serment.

Pour résister à son repentir simulé, à des prières, à des supplications, je n'avais qu'un moyen ; c'était de ne pas la revoir, et ce fut encore ce que je me promis.

Je versais des larmes en abondance, en prononçant l'arrêt d'une éternelle séparation ; et ces larmes mêmes, qui prouvaient ma faiblesse, me confirmèrent dans ma résolution.

Ma dernière maladie avait des causes naturelles ; je le sentis alors ; le chagrin ne tue pas, ou il tue lentement.

La nuit, toujours si longue pour

le malheureux qui veille, la nuit se dissipa enfin, les portes s'ouvrirent, je relevai mon pauvre Antoine, et j'entrai avec lui dans la première auberge. J'étais glacé aussi; je fis allumer un grand feu, bassiner deux lits: nous prîmes un peu de vin chaud, et nous nous couchâmes. Antoine s'endormit bientôt, mais moi!.... le sommeil fuit avec le bonheur.

Je ne pus rester au lit, je m'habillai, et je rêvai avec assez de calme aux mesures qu'il convenait d'employer.

La première idée qui me vint à l'esprit, fut celle du divorce, et je la rejetai presque aussitôt. Faire retentir les tribunaux de mes plaintes, déshonorer publiquement celle que j'ai tant aimée!....... Et cet enfant, cet enfant, qui n'a à répondre des fautes de personne, lui faire supporter celle-ci, le rendre étranger à l'un de nous,

nous, m'en faire haïr, ou le réduire à la nécessité de rougir un jour de sa mère! Non, le divorce n'est presque jamais que l'abus de la loi. C'est la ressource ordinaire des libertins, des femmes sans principes; je n'emploierai pas ce moyen honteux. Qu'y gagnerais-je, d'ailleurs? la facilité de former de nouveaux liens?... Mon sort est arrêté: je lui serai fidèle, moi, je le serai jusqu'au tombeau. Hé, qui pourrai-je aimer après elle, et sur qui compter désormais?

Je m'en séparerai, je le dois, je le veux; mais sans formalité, sans éclat. Je consens même qu'elle me charge du blâme général, qu'elle m'accuse d'inconstance, d'inconduite, qu'elle obtienne des droits à la pitié, qu'elle en conserve à l'estime; je gagnerai intérieurement tout ce qu'elle n'aura pas perdu; mais ce sera pour moi, pour moi seul. Jamais, non jamais je ne pardonnerai.

Rappelons le passé, le passé qui rend le présent si affreux. Elle n'a rien à prétendre qu'à ma mort, mon revenu entier m'appartient, et j'ai de trop ce que je ne partage plus avec elle. Qu'elle vive dans l'abondance, dans le luxe, et qu'elle se dise quelquefois: Ce superflu est le dernier don de l'époux que j'ai bassement trahi... Non, non, qu'elle ne se dise pas cela; elle serait malheureuse : c'est bien assez que je le sois.

J'envoie chercher le notaire du lieu. Je fais dresser une renonciation à la plus grande partie de mes biens. Je me réserve deux mille écus; c'est assez pour traîner avec Antoine une vie obscure et misérable. Je lui abandonne le reste.

Je lui donne aussi la maison du Bois-Guillaume et ses dépendances. Elle vivra près de sa mère et de sa sœur. S'il lui reste une ombre d'honnêteté, leurs consolations lui deviennent nécessaires.

Les actes sont en bonne forme, le notaire s'est retiré; il ne me reste qu'à lui écrire, à prendre le ton d'un juge impassible, qui ne consulte que l'équité... le pourrai-je?

Ce n'est pas cela... Voilà du dépit, des plaintes amères : l'amour perce malgré moi... Amour cruel! ne te surmonterai-je jamais?

Ceci est mieux; c'est au moins tout ce que je puis... Celle-ci partira.

« Je romps avec vous, madame, et je » romps sans retour. Il est inutile de » vous humilier par des détails que vous » connaissez comme moi.

» Je vous ordonne de partir à l'ins- » tant pour le Bois-Guillaume. Vous » direz à *certaines gens*, si vous le » jugez à propos, que je vous ai devancé, » et qu'il vous a fallu vingt-quatre » heures pour faire vos dispositions.

» Les papiers renfermés dans ce pa-
» quet, vous rendent plus riche que
» moi. J'ai cru pouvoir être généreux
» encore envers celle qu'il ne m'est
» plus permis d'aimer ».

J'allais ployer cette lettre; je m'aperçus qu'elle était mouillée... J'avais arrosé chaque mot... Elle ne saura pas que je la pleure; mes rivaux n'insulteront pas à ma peine.

« Lève-toi, Antoine, lève-toi un
» moment; je ne troublerai plus ton
» repos. Prends cette plume, et copie
» ceci... si tu peux le lire ».

J'ai signé, le paquet est fermé, il est à la poste.

Combien je m'applaudis de ma fermeté: c'était une victoire réelle que je venais de remporter sur moi.

« Dors, dors, brave homme; nous
» partirons demain, ce soir. — Et où
» irons-nous, monsieur? — Je n'en
» sais rien, et cela est égal. Je serai

» bien partout où je ne serai pas avec » elle, partout où je l'aurai oubliée. » Vous ne l'oublierez jamais, monsieur. » — Tais-toi, tais-toi, Antoine : tu ne » vois donc pas que je cherche à me » faire illusion.... Rappelle-moi ses » crimes ; ne me parle que de cela ».

CHAPITRE XII.

Je trouve un consolateur.

J'AVAIS sur moi les mille écus de Bastien : c'était assez pour le premier moment, assez même pour six mois. Nous montâmes dans un cabriolet de louage qui passa, et nous descendîmes à Saint-Germain. Je vis dans une boutique un homme qui paraissait heureux, et que sa femme trompait peut-être aussi...... elle le caressait. Je passai précipitamment, je continuai de marcher, je sortis de la ville, et je pris le premier chemin que je trouvai devant moi.

Nous entrâmes dans la forêt. Un méchant cabaret se présenta ; j'y fis entrer Antoine, et après un repas léger, nous nous remîmes en route. Je ne pouvais m'éloigner assez vite de cette rue de Grenelle..... Je croyais m'en éloigner, elle me suivait partout.

Un tertre couvert de mousse tournait autour d'un chêne antique ; un vieillard pauvrement vêtu mais d'une figure vénérable s'y était assis, et lisait. Il leva les yeux sur moi, et parut étonné. Il me sourit, il me tendit la main, et je m'arrêtai.

« Vous paraissez souffrir, me dit-il.
» — Oui, beaucoup. — On a des ressources à votre âge ; on n'en a plus
» au mien. — Des ressources ! il n'en
» est plus pour moi. — Quoi, pas
» même d'espérance? Je croyais que
» ce sentiment ne s'éteignait jamais.
» — Vous n'êtes pas tout-à-fait infortuné, puisque vous espérez encore.
» — Je n'attends plus rien que de la
» Providence ; croyez-y comme moi
» jeune homme ; croyez-y au moins
» pour votre intérêt : c'est la dernière

» ressource des malheureux. Asseyez» vous près de moi, que je vous parle, » que je vous console, ou que je » m'afflige avec vous. J'ai l'habitude » de compâtir aux maux des autres, » et quelquefois je les leur ai fait ou» blier ».

C'est le curé des Loges, petit village situé dans la forêt de Saint-Germain. Il n'avait qu'un revenu modique, et cependant il n'y avait pas d'indigens dans sa paroisse; il avait orné son presbytère, embelli son jardin: il a perdu son bénéfice, on l'a chassé de sa maison, et il a tenu le serment qu'il a prêté à l'Etat. « J'étais Français, » me dit-il, avant que d'être prêtre; » je ne prononcerai pas entre les dif» férens partis: mon ministère est de » prêcher la soumission aux lois, et » j'en dois donner l'exemple. [illegible]ai » plus rien, j'habite une chaumière, » je vis d'aumône, je reçois aujour-
d'hui

» d'hui de ceux dont je soulageais la » misère; mais ils me bénissent encore, » et je ne m'afflige que de l'impuis- » sance de leur faire du bien. »

Il me parla long-temps encore, et il savait se faire écouter : son langage est simple comme ses mœurs ; mais il a quelque chose d'onctueux, de pénétrant, de patriarcal.

Il craignait d'être indiscret ; il ne m'interrogeait pas, il cherchait la blessure : il peignit tour à-tour les écueils qu'on trouve à chaque pas dans le monde, le vide insupportable et quelquefois les regrets qui suivent les jouissances qui nous séduisent et nous abusent. Je ne répondais rien ; il parla enfin de l'amour : c'était mettre le doigt dans la plaie. Mon cœur meurtri, déchiré, s'épancha dans le sien ; je ne lui cachai que mon nom et celui de la misérable...... Il m'écoutait avec intérêt ; il me plaignait, il s'attendrisssit avec moi, et je sentais que je souffrais moins auprès de lui.

Il me proposa de me reposer sous son humble toit, de m'y arrêter quelques jours; j'allais lui demander cette grâce. Il m'offrit de partager avec moi le peu qu'il devait à la bienfaisance : « Oui, lui-dis-je; votre pauvreté, mon » aisance, nous mettrons tout en com» mun ».

Nous passâmes devant son presbytère ; il soupira en tournant la tête de l'autre côté : « C'est là que » j'espérais vivre et mourir; c'est là » que je recommandais la soumission » aux enfans, la fidélité aux époux, » l'amour des hommes à tous; c'est » là que j'ai quelquefois réconcilié » les ennemis : ce n'est plus qu'un » cabaret ».

Nous entrâmes dans une espèce de

hutte, que des journaliers lui avaient élevée, en sacrifiant le salaire de quelques heures. « Ils ont fait bien peu, » me dit-il, mais ils l'ont fait gaie- » ment: c'est le denier de la veuve ».

En effet, quelques bâtons croisés, un peu de bourre et de la terre glaise composaient les murs; du jonc de marais formait le toit: une mauvaise table, deux escabelles, quelques poteries grossières et un grabat, c'étaient là ses meubles. Dans l'endroit le plus apparent, il avait élevé un autel de pierre et de gazon. « Partout, » me dit-il, on peut remercier le » grand Être, ou se soumettre à sa » justice ».

En m'offrant le partage de sa petite propriété, le digne homme n'avait écouté que sa philautropie: il n'était pas possible que ce réduit nous reçût tous les trois.

Il fallait donc s'eloigner ; je m'affligeai de l'idée de quitter ce bon prêtre. Son entretien m'était nécessaire comme l'appui qu'on donne à l'arbuste battu par les vents.

« Si je voyais au cabaret, me dit » Antoine. — Oui, vois une chambre » et deux lits : voilà tout ce qu'il » faut ».

On va à la messe le dimanche, mais on ne boit que le décadi, et on boit peu, parce que l'argent est rare. Le cabaretier fait donc mal ses affaires ; aussi a-t-il des chambres et point de lits : tel fut le rapport d'Antoine

« Hé bien, voyons ces chambres. » — Elles sont dans un triste état. » — Nous les arrangerons ».

Elles ne pouvaient convenir qu'à l'homme occupé d'un seul objet, et indifférent à tout le reste. Je proposai donc au propriétaire de me louer le haut; il me proposa, lui, d'acheter la maison : il l'avait eue pour une poignée de mauvais papiers, et il voulait m'en faire bon marché.

L'idée de réintégrer mon curé, de l'aider à mourir en paix, me fit éprouver une sorte de plaisir. J'allais répondre à l'ouverture du cabaretier; je me rappelai que j'avais tout sacrifié, jusqu'à la possibilité de faire des heureux : je n'avais plus que six milles livres de rente.

Je me retirai sans répondre, la tête baissée, le cœur navré. Il est rare qu'il ne se présente pas quelques moyens à celui qui veut le bien, et qui le veut fortement : je retournai sur mes pas.

La maison et le jardin valaient au plus quatre cents livres de loyer; j'en offris mille pendant la vie du vieillard, plus six cent francs comptant pour la complaisance qu'aurait le propriétaire de déménager dans la journée, ce qui ne lui était pas difficile.

« Tu es sobre, Antoine; nous vi-
» vrons avec cinq mille livres, n'est-
» ce pas? — C'est beaucoup pour moi,
» monsieur; mais vous?... — Moi, je
» n'ai plus de besoins ».

Les vingt-cinq louis étaient étalés sur table. Ils devaient éblouir quelqu'un qui n'a jamais eu le quart de cette somme à sa disposition; je n'éprouvai pas de difficultés : deux carrés de papier marqué terminèrent tout.

Mon homme courut le village, en ramena un mauvais cheval et une vieille charrette d'emprunt. Deux futailles, vides ou pleines, occupèrent le fond; un mobilier exigu trouva place par-dessus. Le cabaretier fouetta, et partit pour Saint-Germain, où il comptait s'établir plus avantageusement.

J'envoyai Antoine avec lui. Je le chargeai de prendre chez un tapissier ce qui était de première nécessité, et de profiter du retour de la charrette. Je lui donnai ma bourse, et je lui recommandai d'en être économe.

Je revins à la hutte, déjà payé intérieurement de ce que j'avais fait : le bon curé était en prières. Je mis sur son petit autel les clefs de son presbytère : il les reconnut, il les prit et les baisa. Il paraissait inquiet, incertain ; il attendait en silence que je m'expliquasse : je lui présentai l'écrit qui le remettait en possession de son asile.

Son visage s'épanouit, ses yeux éteints se ranimèrent, ses mains tremblantes embrassèrent mes genoux ; je le relevai, et il me pressa sur son sein. « Vous le voyez, dit-il en regardant le ciel d'un air reconnais» sant, vous le voyez ; il est une Pro-

» vidence. — Pour vous, mon père....
» — Ingrat ! hé, ne vous a-t-elle
» pas ce matin envoyé un consola-
» teur » ?

CHAPITRE XIII.

J'en aurai des nouvelles.

Nous étions établis dans le presbytère : rien de trop, mais aussi Antoine n'avait rien oublié. Il avait apporté jusqu'à des papiers pour couvrir les murs charbonnés ; et il restait encore quinze cents francs dans la bourse commune.

Je m'applaudissais de m'être fixé auprès du bon prêtre. Un grand fonds de raison, un esprit passablement cultivé, une philosophie douce et modeste, et sur-tout le meilleur naturel, m'attachaient à lui de jour en jour. Mes chagrins étaient de ceux que le temps seul peut adoucir, et jamais il ne m'en parlait le premier : c'est par des occupations variées, des lectures attachantes, une conversation animée, qu'il s'efforçait de me distraire. Il me traitait comme un malade affaibli, à qui il ne faut que des remèdes doux.

Il me pria de l'aider à nettoyer son jardin, long-temps abandonné à la seule nature, et où l'ortie avait cru à côté de l'œillet; il m'apprenait à émonder, à tailler les arbres qu'il avait plantés, et dont un autre avait cueilli les fruits; il me conduisait sous cet if où ses prédécesseurs et lui avaient si long-temps médité; il ouvrait Buffon, et il m'apprenait, en commentant ce grand homme, à ne considérer notre petit globe que comme un point dans l'immensité, ses habitans comme des atômes, leurs peines comme une fumée, leurs plaisirs comme rien. Le héros, comme le pâtre, s'éteint presqu'en naissant : tous deux, me disait-il, sont le superflu passager de ces rouages éternels.

Le bon Antoine, assis à nos pieds, écoutait avec admiration, ou nous regardait faire une partie d'échecs, qui l'étonnait plus encore, parce qu'il n'y entendait rien. Il nous interrompait pour nous servir gaiement le repas champêtre qu'il avait apprêté, et il avait toujours une historiette pendant que nous mangions. C'est par les soins de ces deux hommes estimables, que le trait poignant s'émoussait quelquefois : il se faisait toujours sentir à de fréquens intervalles; il n'y a que des trèves à espérer de la douleur.

Les nuits sur-tout, les nuits étaient cruelles; point de sommeil. Ce recueillement forcé qu'amènent les ténèbres, aucunes de ces distractions que produisent les objets extérieurs; le passé se déployant avec tous ses charmes, l'avenir enveloppé d'un voile lugubre, un cœur qu'assaillaient sans relâche le désespoir et l'amour, des heures comme des siècles, telles étaient alors pour moi ces nuits autrefois délicieuses. J'invoquais le retour du soleil ; j'attendais qu'il vînt terminer mon supplice, m'arracher à moi-même, et suspendre les larmes brûlantes dont j'arrosais ma couche solitaire.

Si je succombais un moment à la fatigue, je devenais le jouet des songes. Tantôt je la voyais folâtrant avec mes rivaux, je la voyais dans leurs bras, et je me réveillais en sursaut, trempé de sueur, les cheveux hérissés, agité de mouvemens convulsifs. Une autre fois, elle m'accablait des plus tendres caresses, elle me jurait un amour éternel. Tu mens ! tu mens ! lui criais-je indigné, et je me réveillais encore.

L'idée de cet enfant qui va naître,

m'obsède aussi par tout. Je l'attendais comme un bienfait de la nature, et je ne le recevrai pas dans mes bras : sa voix ne me fera pas tressaillir, il n'apprendra point à balbutier mon nom; il sera livré à des mains étrangères ; il vivra loin de son malheureux père, de son père contraint à élever une barrière entre le monde et lui, de son père réduit à la compassion d'un pauvre vieillard : il vivra... hé, qui sait si les veilles, si l'excès des plaisirs ne flétriront pas dans son alvéole la tendre fleur qui s'allait développer?.... Arrête, arrête, Angélique ; tu as empoisonné ma vie : grâce du moins pour mon enfant.

Et j'étais à genoux en prononçant ces paroles; je les lui adressais comme si elle eût pu le entendre; j'écoutais comme si elle eût pu me répondre : le bruit du vent qui agitait doucement les arbres de la forêt, frappait seul mon oreille.

Je veux savoir si elle se souvient qu'elle est mère, si elle s'est retirée au Bois-Guillaume, si elle a respecté mes dernières volontés.

Ah! si elle s'était repentie, qu'elle eût sincèrement abjuré de coupables erreurs, qu'elle fût à la campagne, et qu'elle voulût y vivre pour moi.... Ses faiblesses n'y sont pas connues; elles y seraient ensevelies à jamais...... Des faiblesses! des crimes! Je les connais, moi, et je ne saurais les oublier.

Mais ne puis-je savoir où elle est, m'assurer que ce déplorable secret n'est connu que de moi, que l'abandon et le mépris public n'ajoutent pas à son opprobre? Je crois que je serai moins à plaindre, si elle n'est pas complétement malheureuse.

J'irai à Paris, je me rendrai secrétement chez Thibaut, je l'interrogerai...... Non, non. Si elle brave mon autorité, si elle était restée chez moi, et que je la rencontrasse chez mon ami, je ne peux me le dissimuler, un mot, un regard, une larme amenerait une réconciliation qui me couvrirait de honte.

J'y enverrai Antoine..... Antoine, facile et bon, ne résistera pas plus que moi; il découvrira ma retraite: je serai exposé à fuir encore, ou à lutter sans cesse contre les prières, les importunités, contre moi.... Insensé, tu te flatteras donc toujours! Hé, t'eût-elle trahi, si elle pouvait s'occuper de toi? N'importe, Antoine n'est pas l'homme qu'il me faut.

C'était un dimanche; le bon curé avait fini son office, et il avait la semaine à lui: je lui laissai entrevoir l'inquiétude où j'étais du sort de cette femme, et, en convenant de ma faiblesse, je le suppliai de s'y prêter. Le digne homme n'a rien, dit-il, à refuser à son bienfaiteur. Son bienfaiteur! on acquiert ce titre à bon marché. J'ai fait bien plus pour une autre : comment m'a-t-elle payé ?

Je donnai au vieillard des instructions bien longues, bien détaillées, et qui dûrent lui paraître bien minutieuses : il eut l'honnêteté de n'en rien faire paraître. Je lui fis promettre, sur son honneur, de ne pas révéler à Thibaut le lieu où je vivais, quelques instances qu'il lui pût faire. Il le jura, et monta dans une assez bonne carriole que j'avais louée dans le village. Je restai seul avec Antoine et Buffon.

CHAPITRE

CHAPITRE XIV.

Je commence à voir clair.

CETTE journée s'écoula comme celles qui l'avaient précédée. Elle fut plus agitée peut-être, parce que j'éprouvais deux sensations pénibles qui ne m'avaient pas tourmenté encore, l'incertitude et l'attente. J'avais ouvert Buffon ; je croyais lire, je ne voyais que des caractères qui ne m'offraient aucun sens. Mon entendement, mon imagination, tout mon être suivait la carriole. J'étais à la fois sous le vieux if, et sur la route de Paris.

J'appelai Antoine. « Demeure avec » moi ; parle-moi, parle-moi toujours, » et force-moi d'écouter ».

Le soleil allait disparaître, et je

redoutais l'obscurité et la solitude. « Antoine, fais du feu dans ma » chambre, viens-y passer la nuit avec » moi ; tu t'iras coucher quand je me » lèverai ».

Le bonhomme avait mis une table auprès de mon lit. Il chantait, il me lisait, il me contait des histoires que j'avais cent fois entendues; c'était tout ce qu'il pouvait.

Il était minuit ou environ, et je m'assoupis en l'écoutant; je reposais comme l'oiseau sur la branche, qu'une simple feuille intimide et réveille. Je fus frappé du bruit d'une voiture qui roulait rapidement, et qui semblait attelée de plusieurs chevaux. Elle s'arrêta à notre porte, et j'entendis qu'on frappait doucement. Nous étions sans armes, au milieu d'un bois, et Antoine ne voulait pas ouvrir. On frappa plus fort: je pensai que ce pouvait être quelque voyageur égaré, qui venait demander son chemin. Je m'habillai, je descendis, un flambeau à la main, je parlai à travers la serrure, on me répondit, et je reconnus la voix du curé.

Quel fut mon étonnement, lorsque je vis Thibaut descendre après lui, d'une chaise de poste! « Ah! mon père, » dis-je au vieillard, vous avez man- » qué à votre parole. — J'ai cru faire » mon devoir. — Dans quels embar- » ras nouveaux vous allez me jeter! » Je ne croyais pas, reprit Thibaut, » que dans aucun temps ma présence » dût vous être importune. — Non, » mon ami, mais.... — Je n'aurais pas » cru non plus que vous puissiez pren- » dre un parti désespéré avant de » vous être ouvert à moi. Tout se » serait éclairci sans doute, et...—Hé, » monsieur, a-t-il dépendu de moi » de me refuser à l'évidence, et quels

» conseils alors avais-je à demander? » Finissons. Si vous êtes un émissaire » de celle... — Non, monsieur, on ne » m'a pas chargé d'agir; mais je suis » l'ami de tous deux, et incapable, » sur-tout, de tromper personne. Des » passions violentes nécessitent des » mesures promptes, et la précipitation fait commettre des fautes. Entrons, et écoutez-moi. Des fautes! » répliquai-je, des fautes! je n'en ai » point à me reprocher. — Entrons, » mon ami, entrons ».

Ah! me disais-je en le suivant, s'il m'était permis de douter de ce que j'ai entendu!... Impossible, impossible.

On s'assit autour du foyer, et Thibaut continua de parler.

Rappelez-vous les premiers incidens qui suivirent votre arrivée à Paris. Madame Dercourt prit du goût pour vous; elle en fut rebutée, et il est des offenses qu'une femme ne pardonne jamais.

« Je sais cela. Après »?

Denneterre s'attacha sérieusement à votre épouse, et il se garda bien de se déclarer ; il se fût perdu auprès d'elle; mais il a été bien avec madame Dercourt, et je présume qu'ils se sont concertés pour vous détacher l'un de l'autre.

« Je l'ai toujours pensé; mais ces » détails sont étrangers à l'événement » terrible »...

C'est du raisonnement qu'il faut ici, et non de vaines déclamations. Madame Dercourt cacha ses vues sous l'enveloppe de la frivolité et des grâces ; elle raillait souvent Angélique sur son attachement pour vous : elle cherchait à lui inspirer le goût de la dissipation. Denneterre, au contraire, était réservé ; mais il s'efforçait de paraître aimable, et il voulait être sûr de plaire avant de se déclarer. Il crut que la jalousie était un moyen infaillible avec une femme qui devait être persuadée de ce qu'elle valait, et c'est en piquant son amour propre qu'il vous attaquait dans son cœur; il hasarda de loin en loin quelques mots sur votre intimité avec Jeanneton...

« Jeanneton! la seule femme esti-
» mable que je connaisse »!

Je crois que vous en connaissez deux.

« Ah! puisse le Ciel vous enten-
» dre »!

Ne m'interrompez plus; suivez-moi exactement.

« Je ne perds pas un mot ».

Angélique ne démêla pas le but de ces insinuations perfides, elle ne s'y arrêta pas même d'abord; mais elle vous aimait trop tendrement...

« Trop tendrement »!

Pour que ces propos, qui paraissaient tenus sans intention, ne produisissent pas enfin une sorte d'effet.

« Et elle n'en a rien dit. La cruelle « a pu se taire » !

Lui avez-vous parlé des alarmes que vous inspirait Denneterre ?

« Je craignais son extrême sensibi- » lité ».

Et elle a pris le seul parti qui reste à une femme prudente, le silence et la résignation. Elle souffrait beaucoup en secret, et jusque-là, elle l'avait caché à tout le monde.

« Mais, mon ami d'où savez-vous » tout cela » ?

Nous y viendrons. Mon accident vous amena à Bordeaux. 'abord votre correspondance fut tendre et suivie ; vous fûtes huit jours sans lui écrire...

« C'est faux ; demandez à Antoine ».

Vos lettres ont donc été soustraites; mais par qui ?

« Par Denneterre, sans doute. Ou « par Justine, dit Antoine »

Par Justine, cela se peut. On fit entendre à Angélique que les momens que vous lui dérobiez étaient peut-être consacrés à Jeanneton.

« Les scélérats » !

Elle ne [illegible] reçut plus qu'avec froideur [illegible]neton cessa de la voir. Bientôt le [illegible]ntentement de votre épouse perça malgré elle dans ses lettres, et cependant elle vous écrivait tous les jours.

« C'est faux encore, et c'est ce « qui m'a fait partir si précipitam- « ment. »

Mais on ne retire pas de lettres de la poste.

« Et si Justine ne les y a pas mises, » reprit Antoine ».

Vous revîntes à Paris, Angélique apprit

apprit votre retour, et quitta tout pour aller vous prodiguer ses caresses.

« C'est vrai ».

Jeanneton ne paraissait plus chez vous, mais vous alliez fréquemment chez elle. On empoisonna vos démarches, et Angélique, profondément blessée, affecta les dehors de l'indifférence, et essaya de vous ramener par la jalousie. Elle eut pour Denneterre les prévenances, les attentions qui pouvaient vous inquiéter sans la compromettre avec cet homme, et, quelqu[illegible]s maîtrisée par son amour, elle le [illegible]ait, elle s'approchait de vous avec [illegible]pression de la tendresse; mais auss[illegible]e rappelant vos torts prétendus, [illegible]e s'éloignait, elle retournait à Denn[illegible]rre, et s'efforçait de lui sourire.

« C[illegible] vrai, c'est trop vrai ».

Vo[illegible] fûtes attaqué d'une maladie

mortelle; votre danger fit disparaître tous les nuages qui s'étaient élevés dans son esprit : elle ne vit plus qu'un époux adoré....

« Arrêtez »....

Je me sers du mot propre. Elle ne vit plus qu'un époux adoré, que peut-être elle allait perdre. Baignée dans les larmes, elle passait près de vous les jours et les nuits. Jeanneton se présenta pour vous voir, et la porte lui fut refusée ; Denneterre, qui lui était inutile alors fut également éloigné : c'est sur ces entrefaites que j'arrivai à Paris, et que je partageai avec Angélique les soins qu'elle vous donnait. A-peu-près seul avec elle, je ne tardai pas à m'apercevoir que des peines secrètes l'affectaient sensiblement. Rien de ce qui vous touche l'un ou l'autre ne peut m'être indifférent : je la pressai, et elle ne put résister à mes instances, ou peut-être au besoin de s'ouvrir à un véritable ami. Assuré de la sagesse de Jeanneton, de son attachement pour Bastien, je combattis des idées qui ne me paraissaient pas fondées. Je l'engageai surtout à ne vous parler jamais d'une faiblesse qui, supposée ou réelle, ne pouvait durer long-temps.

« Voilà ce que j'ai entendu avant « qu'il me fût permis de parler, et ce « que je n'ai pu comprendre ».

Vous guérîtes. Votre reconnaissance envers votre épouse, le désordre de vos sens, des expressions qui ne partent que d'un foyer brûlant, dissipèrent un moment ses soupçons, et la ramenèrent à la douce espérance d'être aimée uniquement.

Il faisait beau : vous fîtes mettre les chevaux, et la sensible Angélique offrit de vous accompagner. Vous parûtes touché de son empressement; mais une courte promenade ne fut qu'un prétexte qui vous conduisit chez Jeanneton : elle le crut, au moins. Votre première visite à Jeanneton, un dîner avec elle, une partie du jour passée dans cette maison, tout s'accordait pour ranimer des soupçons mal éteints. Le trait acéré se fit sentir de nouveau dans le cœur d'Angélique; l'amour blessé, le dépit, l'orgueil agirent un moment: elle écrivit un billet inconsidéré, et sortit; mais c'est chez moi qu'elle vint, c'est chez moi qu'elle déplora un malheur imaginaire.

« Oh! bien imaginaire, mon ami ».

Je le crois à présent. Elle me demanda un lit; elle me déclara l'intention formelle de ne rentrer avec vous que lorsque vous auriez rompu sans retour avec Jeanneton. Je m'élevai fortement contre un plan de conduite irrégulier et dangereux; je le combattis sous tous les rapports, mais elle ne raisonnait plus.

Denneterre entra, et j'en fus étonné;

je ne le voyais jamais chez moi. Il avait constamment alimenté la jalousie d'Angélique, et s'était insinué jusqu'à un certain point dans son esprit; aussi sa présence ne détourna point la conversation: elle persista ouvertement dans la résolution de vous éviter.

Les vues de Denneterre ne m'avaient point échappé, et ma surprise redoubla lorsque je le vis se ranger de mon côté, lui représenter les conséquences de sa retraite auprès d'un homme seul, et la conjurer de ne pas justifier vos égaremens par cette démarche hasardée.

Il sortit, et revint une heure après. Il employa de nouveau les raisonnemens les plus convaincans: Angélique ne se rendait pas encore; je me prononçai nettement, et je lui déclarai que je ne me prêterais point à ce qu'elle exigeait de moi. Il fallut qu'elle cédât; elle monta en carrosse, et ordonna de toucher chez vous.

Voilà, jusqu'à l'instant de votre disparition, la conduite exacte d'une femme injustement soupçonnée, abandonnée d'une façon barbare, et réduite au dernier désespoir.

CHAPITRE XV.

Elle est innocente.

« INJUSTEMENT soupçonnée! m'écriai-» je. Et ce lieu de débauche où je » l'ai surprise sortant de chez vous, » où elle était volontairement, où je » me suis convaincu de son ignomi-» nie: c'est là, monsieur, c'est là ce » qu'il fallait d'abord éclaircir, ce » qu'il vous est impossible de pallier, » ce qui ne s'effacera jamais de ma » mémoire ».

Je ne vous entends pas. Un endroit où vous l'avez surprise... Elle ne vous a pas vu de la soirée.

« Je l'ai vue, moi, je l'ai entendue, » et c'est assez. Un inconnu...... Une » chaise à porteurs...... Et cette let-» tre »!....... Je lui présentai celle de l'anonyme. Quelle atrocité! dit-il d'une voix étouffée; je n'aurais pas soupçonné cet excès de scélératesse! Denneterre... madame Dercourt.... ce sont eux qui ont tout fait. Denneterre n'est entré chez moi que pour s'assurer que votre épouse y fût. Il est ressorti; son absence a été longue... Cette lettre est de quelqu'un à lui. Ecoutez, écoutez ce que m'a raconté le lendemain leur déplorable victime, en s'applaudisant de l'accueil honnête de celle qui l'a reçue chez elle.

« Ah! parlez, hâtez-vous, si vous » avez quelque chose de consolant à » me dire ».

La voiture d'Angélique fut arrêtée au coin de la rue de l'Arbre-Sec.

« J'ai parlé au cocher. Après »?

Deux fiacres, en travers de la rue, accrochant les carrosses dont le nombre augmentait à chaque instant, les deux cochers se querellant, sautant de leur siége, se battant, ou ayant l'air de se battre, se tenant aux cheveux, à la portière même d'Angélique, effrayée des coups, des juremens et du tumulte qui devient général; le domestique de Denneterre qui monte à la portière opposée, qui lui dit que dans une heure peut être la rue ne sera pas débarrassée; que le combat s'engage de proche en proche entre tous les cochers, que les maîtres prendront parti sans doute; que son état l'expose, qu'il voit une chaise à porteurs près de la fontaine, qu'elle peut filer le long des maisons, et qu'il va la conduire chez une marchande qui fournit à madame Denneterre. Angélique, qui descend éperdue et tremblante, s'abandonne à l'infâme émissaire, est conduite en effet chez une femme qui la reçoit avec décence, et dont les manières....

« N'achevez pas, Thibaut, n'ache-

» vez pas Je suis un malheureux, un
» forcené; j'ai outragé la vertu la plus
» pure. Je ne voulais point pardon-
» ner!..... C'est moi qui ne mérite
» pas de pardon. Ah! mon ami, cou-
» rons, volons; que je lui jure une
» estime, un respect, un amour éter-
» nel. Que je tombe à ses pieds, que
» j'y meure, ou que j'y obtienne ma
» grâce ».

Vous ne serez pas long-temps séparés, je l'espère; les recherches que nous ferons ensemble...

« Que voulez-vous dire »?

Angélique n'est plus à Paris.

« Je le sais; elle est au Bois-Guil-
» laume ».

Mon ami, il m'en coûte pour ajouter à vos peines; mais je l'ai fait chercher en vain au Bois-Guillaume, chez sa mère, et chez Montfort.

« Dieu! grand Dieu »!

On vous cherchait aussi à Besançon,

à Rouen, à Caudebec, par tout où je vous savais des relations. Mes démarches ont été doublement infructueuses, et sans la louable indiscrétion du bon curé, j'ignorerais encore la destinée de mon meilleur ami.

« Elle n'est plus à Paris, elle n'est
» pas au Bois-Guillaume ! elle me
» croit coupable, elle me hait, elle
» me fuit....... Je ne me plaindrai pas ;
» je l'ai trop mérité. Mais, Thibaut,
» mon cher Thibaut, êtes-vous sans
» espérances ? Quoi ! pas la moindre
» présomption, nulle idée sur la
» route qu'elle a pu tenir ? Racontez-
» moi les plus simples particularités ;
» qu'a-t-elle fait, qu'a-t-elle dit après
» mon départ ? Un amant, un époux
» n'a besoin que d'un mot : un seul
» mot peut être un trait de lumière ».

Il était deux heures après midi, et j'étais loin de prévoir les désastres de la nuit précédente. Son cocher entra chez moi. « Madame est dans un état » affreux. Nous ne savons où est mon- » sieur; venez, il n'y a pas un mo- » ment à perdre ». Je ne donne pas le temps de mettre mes chevaux, je sors, je cours, j'arrive. Elle était à demi-nue, les cheveux épars, le visage couvert de ses mains. Elle avait devant elle une table et plusieurs papiers. Je lui parlai long-temps sans obtenir d'autre réponse que des sanglots prolongés qui me déchiraient. Elle me montra du doigt votre lettre; je la lus, et, je vous l'avoue franchement, elle excita mon indignation et mon mépris.

Je ne vis qu'un moyen pour calmer l'infortunée Angélique; ce fut d'armer son amour propre contre son cœur. Je lui peignis avec les plus fortes couleurs ce que votre procédé semblait avoir d'odieux : je lui représentai que sa fierté, sa raison, son amour même voulaient qu'elle vous oubliât. « L'oublier! eh! je l'adore, le bar- « bare »! Voilà les seules paroles qu'elle prononça jusqu'à huit heures du soir.

Elle ne pouvait résister long-temps à la violence de cette crise. De légères convulsions avaient déjà agité ses traits, sa vue s'égarait, elle ne trouvait plus de larmes; dans le désordre où j'étais moi-même, je ne pouvais ni conseiller, ni agir. Un mouvement qu'elle sentit en elle la ramena subitement. « Oui, dit-elle, oui, tu m'aver- » tis que je dois vivre pour toi : hé » bien, je vivrai, j'en aurai le courage, » je ne te punirai pas des fautes de » ton père ».

Elle se remit par degrés, et nous commençâmes à nous entendre Nous réfléchîmes sur chacune des expressions de votre lettre. Elle indiquait de votre part de graves sujets de plaintes; mais sur quoi étaient-elles fondées? Voilà ce que nous ne pouvions concevoir. Le billet qu'elle vous avait laissé la veille, avait pu vous blesser, mais non autoriser une rupture. Nous revînmes sur le passé; nous examinâmes sévèrement ses actions les plus indifférentes, et ce fut alors qu'elle me raconta ce qui lui était arrivé en sortant de chez moi, cet embarras de carrosses, enfin ce que je vous ai déjà dit.

Tout en elle était innocent et pur. Je ne vis plus dans votre lettre qu'une ruse mal-adroite pour vous livrer tout entier à d'autres amours : nous ne vîmes plus de coupables que vous et Jeanneton.

Cependant la donation des trois quarts de votre fortune éloignait quelquefois ces présomptions. On ne comble pas de biens une femme qu'on n'aime plus et qu'on abandonne; et puis Bastien est un homme d'honneur; vous ne pouviez posséder Jeanneton avec sécurité qu'en l'ôtant à son mari, en la conduisant en pays étranger, et ces mesures nécessitaient des dépenses auxquelles votre médiocrité actuelle ne vous permettait plus de faire face : nous ne savions où nous arrêter.

Votre lettre était timbrée de Neuilly ; mon premier mouvement fut d'y courir ; mais il était tard; vous aviez écrit le matin; il s'était écoulé douze ou quinze heures : vous pouviez avoir vingt ou vingt-cinq lieues d'avance, et quel chemin prendre pour vous rejoindre ? J'allai chez Jeanneton.

Je la trouvai gaie et tranquille ; elle me reçut avec aisance, et me parla avec une liberté d'esprit qu'on n'a point quand on se reproche quelque chose, ou même qu'on est préoccupé :

cela me dérouta. Si nos conjectures étaient justes, elle ne pouvait ignorer votre départ, le parti extrême que vous aviez pris avec Angélique, et ma présence devait l'embarrasser.

Cependant je ne voulus rien négliger de ce qui pouvait jeter quelque jour sur votre conduite. Je lui racontai ce que vous veniez de faire, et je l'observai avec attention. Je vis un étonnement qui n'était pas joué, de la douleur qu'on n'imite jamais qu'imparfaitement. « Sa malheureuse épouse, me » dit-elle, a eu des torts avec moi; » mais elle a besoin de consolations, » j'oublie tout; venez, ne la laissons » pas un moment à elle-même ». Il n'était plus possible de soupconner cette femme-là Vous aimiez donc seul; mais alors pourquoi vous éloigner?

Telles étaient les différentes idées dans lesquelles je me perdais, en retournant de la rue de Bièvre chez vous. Je prévis dès-lors quelque menée secrète : je pensai à Denneterre; mais comment vous aurait-il persuadé d'exiler votre épouse à la campagne, lui dont vous étiez jaloux, et dont les succès dépendaient du séjour d'Angélique à Paris?

Nous montâmes, Jeanneton et moi; nous ne trouvâmes qu'un domestique qui mettait le couvert à l'ordinaire, et qui me dit que madame et Justine venaient de sortir pour affaire. Il me remit un paquet à votre adresse, avec un billet pour moi.

« Avant que vous vinssiez, m'écrivait-elle, j'étais déterminée, et je » profite de votre absence pour suivre » ma résolution : vous lui ferez tenir » ce paquet quand vous saurez où il » vit avec elle »... Elle n'avait pas eu la force d'achever.

Ici Thibaut cessa de parler. Ma confusion, mes remords ne m'avaient pas permis de l'interrompre; ils augmentèrent encore quand j'eus ouvert le paquet qu'il me présenta : j'y trouvai tous les papiers que je lui avais adressés de Neuilly, et une lettre ... Ecrire ainsi à un tigre! C'est l'innocence qui supplie et qui embrasse ses bourreaux.

« Vous étiez l'époux de mon cœur
» avant que je connusse votre fortune:
» celle que vous m'offrez n'est rien au-
» près de ce que vous m'ôtez.

» Vous me chassez de votre maison;
» et je vous obéis. Vous me donnez
» le Bois-Guillaume : je ne porterai
» pas mon désespoir dans l'âme de ma
» mère; je ne recevrai plus rien de
» l'homme qui ne veut plus être mon
» époux.

» Je vous renvoie tous vos dons; je
» n'emporte que deux cents louis:

» c'est assez jusqu'à la naissance de » votre enfant, assez pour payer les » premiers soins d'une autre mère..... » Je ne le nourrirai pas moi : eh! que » lui offrirais-je, des larmes?

« Vous serez informé de l'endroit où » je le mettrai, afin que vous puissiez » le réclamer. Aimez-le comme vous » avez aimé sa mère; comme elle la » cru, du moins.

« Quel cœur vous avez déchiré!..... » Pardonnez-moi ce reproche; c'est le » seul que je vous adresserai ».

Ce fut Thibaut qui acheva de lire. « Qui ne veut plus être mon époux! « qui ne veut plus être mon époux »! répétai-je plusieurs fois, et je ne pus poursuivre.

Où la trouver, où la trouver? c'était là ma seule pensée, mon seul cri, ma seule réponse aux remontrances affectueuses de Thibaut, aux discours religieux du curé, aux pleurs du bon Antoine.

Cette scène de douleurs se prolongea jusqu'au jour. Ils me remirent au lit, et me forcèrent à prendre quelque chose. Toutes mes facultés étaient suspendues; je n'étais plus qu'un faible enfant sans volontés.

CHAPITRE XVI.

La police.

« Eh bien, me dit Thibaut, ne trou» verez-vous pas des idées pour con» certer nos démarches, et des forces » pour la chercher » ? Il n'en fallut pas davantage pour me rendre à moi-même : je me levai, et je me préparai à partir. Je devais beaucoup au digne prêtre; je ne lui laissai que nos meubles, ce qui restait d'argent, et le souvenir de m'avoir consolé et soutenu.

Nous arrivâmes à Paris, et nous descendîmes chez moi : je rassemblai mes domestiques, je les interrogeai. « Ma» dame est partie avec Justine; Justine » la conduisait ». Voilà tout ce qu'on put me dire. Les deux carrosses, les chevaux, elle avait tout laissé : elle avait donc pris la poste ou une diligence. Nous fûmes des deux côtés demander des éclaircissemens; on se refusa à nos instances : il fallait, pour compulser les registres, un ordre de la police. Si elle était restée à Paris, la police seule pouvait la découvrir; je cherchai à avoir accès auprès du ministre.

Celui-ci est du petit nombre de ceux qui honorent le ministère : il sait concilier l'humanité et ses devoirs.

C'est en cultivant les vertus privées qu'il se soulage du fardeau des affaires.

Je ne pouvais lui inspirer une sorte d'intérêt qu'en lui confiant les détails de la malheureuse aventure. Je lui parlai avec cette éloquence, cette chaleur, cet abandon naturel à l'homme pénétré de son objet. Il m'écouta avec bonté, et nous fit passer, Thibaut et moi, dans un arrière-cabinet où il nous invita à attendre patiemment.

La matinée avançait, et nous étions toujours là. La crainte de distraire ceux qui travaillaient auprès de nous, nous réduisait à lire les étiquettes des cartons, ou à nous regarder; ce qui n'est pas propre à distraire un homme impatient et occupé d'affaires majeures. Jugez quand cela dure quatre heures.

Le ministre nous fit appeler enfin, et me raconta sommairement ce qu'il avait fait.

Il avait envoyé chez la femme de la rue de Grenelle : elle était déjà notée pour attirer chez elle de jeunes épouses séduites ou trompées. Il s'était expliqué de manière à l'intimider, et elle avait avoué que l'homme qui était venu chez elle avec Angélique, la voyait depuis quelques jours, lui faisait répèter le rôle qu'elle devait jouer, et lui recommandait sur-tout d'être prête à tous les instans. Le ministre venait de la faire conduire à Saint-Lazare, où il se proposait de lui faire longuement et péniblement expier ses fautes.

Il avait fait venir ensuite le domestique de Denneterre; c'est un fripon consommé, qui s'est d'abord habilement défendu; mais d'après les renseignemens qu'on avait tirés de sa complice, on lui fit des questions captieuses, on lui tendit des piéges, il se coupa: le reste allait de suite. Il répondit franchement à toutes les questions qui lui furent faites : en voici le résumé.

L'adroit Denneterre connaissait trop bien Angélique pour en attendre quelque chose tant qu'elle conserverait

serverait sa raison ; le malheur et le dépit pouvaient seuls la lui livrer. Il avait étudié mon caractère bouillant, et il s'était persuadé que l'apparence prononcée d'une infidélité me porterait à prendre sans délai un parti violent..... Le malheureux m'avait bien jugé.

Il épiait le moment favorable. Elle ne faisait plus un pas sans être suivie ; Justine, qui était gagnée, lui avait fait part de l'effet du billet que j'avais trouvé à mon retour de chez Jeanneton, de l'extrême mécontentement que j'en avais marqué : il savait, enfin, que j'étais sorti pour ne rentrer qu'avec elle.

Ses derniers arrangemens furent pris aussitôt. Pour éloigner le soupçon, il se rendit chez Thibaut, il y parla en honnête homme, il persuada à ma déplorable épouse de rentrer chez elle : des scélérats à ses gages l'attendaient dans la rue. Deux cochers de fiacres étaient chèrement payés pour occasioner du tumulte à un signal convenu; la lettre anonyme me fut remise en même temps: elle était prête depuis un mois.

Ce malheureux domestique ne m'aperçut pas dans cette maison de la rue de Grenelle, et il crut le coup manqué. Il y passa le lendemain; il sut ce que j'avais vu, ce que j'avais entendu, et Denneterre reçut un billet de Justine, qui l'informait de ce qui était arrivé.

Le même jour son régiment reçut l'ordre de partir pour Namur. Justine fut aussitôt chargée de déterminer la confiante Angélique à se retirer à Viller, petit bourg dans la forêt de Marlagne, et à deux lieues de Namur; Justine avait reçu le nom d'un brigand de la connaissance du valet, qu'elle devait faire passer pour un proche parent, aisé et honnête, chez qui Angélique serait en sûreté, et vivrait absolument inconnue. On avait prévenu cet homme par l'ordinaire du jour.

L'infortunée consentit à sortir de chez elle. Elles employèrent l'après-midi à se procurer des passe-ports, et couchèrent dans un hôtel garni, à l'autre extrémité de Paris. Le lendemain elles prirent des places à la diligence de Namur, et partirent. Denneterre suivit son régiment, certain de retrouver sa victime; et il laissa son domestique pour m'observer, si je revenais dans cette ville, et pour lui rendre un compte exact de mes démarches.

Le ministre, aprés avoir tiré ce qu'il voulait de ce coquin, l'avait fait traduire à la police correctionnelle, et il venait d'écrire au ministre de la guerre, pour que le maître, ainsi que le valet fussent à l'avenir dans l'impossibilité de troubler le repos des ménages.

J'adressai à l'homme en place de courts, mais de vifs remercîmens. Quelque pressé que je fusse de voler au secours de la malheureuse femme, je pris pourtant sur moi de le prier de ne pas faire éclater une affaire qui la compromettrait infailliblement. « Votre épouse, me répondit-il, ne saurait souffrir des atteintes que des fripons ont voulu donner à sa réputation, et la sûreté des familles exige qu'ils soient punis d'une façon exemplaire. J'ai fait mon devoir envers vous, je le remplirai aussi envers eux ». Il me remit, en me congédiant, un papier qui enjoignait aux agens du gouvernement, des communes où je passerais, de me prêter protection ou assistance, selon les événemens.

Je me fis ramener chez moi d'un train à briser ma voiture. Angélique à deux lieux de Namur, au milieu d'un bois, logée chez des gens gagnés, obsédée par une suivante perfide ; l'esprit insinuant du séducteur, la facilité de commettre le dernier crime, si elle opposait une trop longue résistance, tout me faisait frissonner. Je pressais mes gens, et j'agissais moi-même : je voulais monter en chaise dans deux heures au plus tard.

J'avais à traverser une partie des Ardennes. Je pouvais rencontrer Denneterre à Viller, et l'entrevue devait être orageuse : j'achetai d'excellentes armes à feu, et je fis courir devant moi mon ancien cocher, homme de tête et de résolution, et encore dans la force de l'âge.

Thibaut avait voulu m'accompagner, et je l'avais remercié poliment.

Il est des circonstances où on ne prend conseil que de son courage, où il faut de l'activité, un bras, et non des raisonnemens.

CHAPITRE XVII.

Les Récolets.

En entrant dans l'ancien Hainault français, je trouvai les chemins détériorés, rompus même en quelques endroits. On m'en annonçait de plus mauvais encore vers Cambrai, et la crainte d'éprouver le moindre retard me détermina à changer de direction. Je pris par Landrecy : c'étaient quelques lieues de plus à courir; mais je comptais les regagner par la facilité de la route.

Je n'étais resté à Landrecy que le temps nécessaire pour changer de chevaux. Mon cocher m'avait observé que le temps chargé, un air lourd et chaud indiquaient un orage très-prochain ; je n'en connaissais pas de comparable à ceux qui me torturaient depuis long-temps. Le danger d'Angélique, mon imagination ardente ne me permettaient ni d'entendre, ni d'arrêter : d'ailleurs j'étais dans une bonne chaise, que m'importaient la pluie, les éclairs et le bruit ?

Nous filions le long du bois de Mormal, lorsque la nuée creva. Une grêle énorme et des coups de tonnerre, que l'écho renvoyait de différentes parties de la forêt, intimidèrent les chevaux ; ils arrêtèrent. Le postillon rangea la voiture sous les arbres qui bordaient le chemin, et mon cocher et lui ne trouvèrent d'abri contre les grêlons, que sous la voiture même.

Je les priais, je les conjurais de repartir ; je leur offrais l'or que j'avais sur moi, celui dont je pouvais disposer, et je ne pensais pas que c'eût été exposer leur vie pour satisfaire mon impatience : la grêle hachait les branches, et je sus, deux jours après, qu'elle avait tué ou blessé la plupart des bestiaux qui étaient dans les pâturages de Fontaine-aux-Bois.

Je me désolais, je me désespérais, lorsqu'un éclair terrible faillit à m'aveugler; en même temps un coup épouvantable éclata au-dessus de nous. Les chevaux prirent le galop, quittèrent la grande route, et me traînèrent à travers les champs. J'étais au moment d'être brisé : je n'y aurais pas fait attention, s'ils eussent galopé vers Namur.

Je crus remarquer, au contraire, qu'ils retournaient du côté de Landrecy; je ne balançai pas: j'essayai d'ouvrir la portière, décidé à sauter à terre, dussé-je être moulu par la roue.

J'étais parvenu avec quelque peine à faire jouer le ressort; j'allais exécuter ce dessein imprudent, mais je vis que j'étais engagé dans le bois, et mon opiniâtre vivacité ne m'empêcha pas de sentir que si j'évitais la roue, je courrais risque de me tuer sur les arbres devant lesquels je passais avec une incroyable rapidité. Hé! qui sauvera l'infortunée, si son unique défenseur périt misérablement ici? Cette réflexion m'arrêta aussitôt.

Cependant le chemin devenait plus étroit ; les moyeux accrochaient à chaque seconde, et le péril était égal de toutes parts. J'attendais le moment où ma chaise volerait en éclats, et je l'avoue, cette perspective me fit frémir : je tenais à la vie depuis que j'avais conçu l'espoir de vivre encore pour elle.

Ce que j'avais prévu ne tarda point à arriver. L'essieu rompit par le milieu, les roues se détachèrent, la caisse tomba, et je fus sauvé par ce qui semblait assurer ma perte. Le devant de la voiture touchait aux jambes de derrière du cheval de brancard; il fut contraint de s'arrêter; le bricolier ne put entraîner seul les deux masses : je descendis. La nuit était close ; mais l'orage était calmé, la lune blanchissait le faîte des arbres, et je ne désespérai point de me tirer de ce bois malencontreux.

Je dételai les chevaux. Ma valise, mes provisions de bouche, mes bougies et mes deux lanternes, j'attachai tout sur l'un, je montai sur l'autre, j'abandonnai la chaise, et je marchai devant moi. Le chemin était battu, et je ne doutais pas qu'il ne me conduisît à quelque village où je trouverais les moyens de gagner la première poste.

Les chevaux, harassés de la course forcée qu'ils avaient fournie, et rassurés par le beau temps, ne voulaient plus aller qu'au pas. Je fus tenté vingt fois de les laisser, et de poursuivre à pied : mais si je m'égarais dans cette forêt, mes provisions devenaient une ressource qu'il était important de conserver. Je me plaignais amèrement du contre-temps que j'éprouvais, mais je me soumis à la nécessité.

Je pensais à mon cocher à l'embarras où il devait être, à la difficulté de nous réunir, lorsque j'arrivai sous un mur ruiné qui fermait une espèce de parc. Je présumai que j'étais près de quelque habitation ; j'avançai encore, et je me trouvai devant un monastère démantelé ; une partie des toits étaient enlevée, les portes, les croisées démontées, et il n'y avait pas d'apparence que ces masures recélassent aucun être vivant. Cependant en examinant avec plus d'attention, je démêlai certains bâtimens qui étaient demeurés intacts : j'en conclus qu'il pouvait y rester des effets de quelque valeur, et il était vraisemblable qu'on y avait mis un concierge. J'attachai mes chevaux à un arbre, et j'entrai dans une vaste cour, au fond de laquelle était l'église.

Je jugeai qu'elle communiquait au cloître, d'où, appelant à très-haute voix, je serais infailliblement entendu dans le silence de la nuit. Je fis du feu, et j'allumai une de mes bougies, pour me guider dans les détours inconnus que j'allais parcourir; je montai au portail, je bronchai sur quelque chose de volumineux qui était sur les degrés supérieurs; j'approchai ma lanterne: c'était un homme qui dormait profondément; je le poussai longtemps avant qu'il s'éveillât. Il ouvrit enfin les yeux; je lui parlai, il me répondit dans son patois brabançon, qu'il était un pauvre voyageur que l'orage avait surpris, qu'il s'était mis à couvert sous l'enfoncement en avant de la porte, et que la fatigue l'avait endormi.

Je lui demandai pourquoi il ne s'était pas retiré dans l'intérieur, au lieu de se tenir dans un endroit où il était presque aussi exposé qu'en plein champ. « Ah! monsieur, me répondit-il, vous ne savez donc pas l'histoire de ce couvent? — Non. » — On me l'a contée à Bavai. — Hé » bien, qu'est-ce que c'est »?

Il allait à Landrecy, et son hôte de de Bavai, bon homme à ce qu'il me sembla, lui avait dit qu'il gagnerait une lieue en coupant par la forêt; mais qu'il passerait devant l'ancien couvent des Récolets, et qu'il se gardât bien d'y entrer, surtout la nuit, parce qu'il y revenait des esprits depuis qu'un Juif avait acheté le monastère, et commencé à le démolir, que les bûcherons, les sabotiers et les autres habitans de la forêt avaient chuchoté à l'oreille du Juif, qu'ils le brûleraient vif, s'il reparaissait dans l'habitation des bons pères, dont le Ciel prenait la défense, et qu'il avait fait suspendre les travaux, après avoir enlevé pourtant les fers, les plombs, la menuiserie, et une partie des charpentes.

Je n'étais pas d'humeur à m'amuser de ces sottises : j'interrompis mon homme, qui ne paraissait pas disposé à finir ; je lui demandai s'il voulait partir à l'instant pour Landrecy, et se charger d'une commission dont je le paierais honnêtement. Il me répondit qu'il était à mes ordres; je lui mis douze francs dans la main, et je lui dis d'aller à la poste, d'apprendre au maître que j'étais aux Récolets avec mes effets et ses deux chevaux, incapables de marcher au moins de vingt-quatre heures; qu'il m'en fallait d'autres sans délai, avec une chaise bonne ou mauvaise ;

qu'il fît courir sur la route de Landrecy à Bavai, pour avoir des nouvelles de mon cocher, et lui recommander, si toutefois ma voiture, sous laquelle il s'était réfugié, ne l'avait pas écrasé quand les chevaux s'emportèrent, de pousser de suite jusqu'à Mons, et de m'attendre à la poste.

J'avais eu d'abord quelque envie de retourner moi-même à Landrecy ; mais je ne voulais pas laisser les chevaux et la valise à la merci d'un inconnu : d'ailleurs c'était un garçon de vingt-cinq ans au plus, fortement taillé, qui pouvait faire le chemin en trois quarts d'heure. Je ne le détournais pas ; je n'exigeais qu'un peu plus de célérité, et le délabrement de ses habits annonçait quelqu'un qui ne gagne pas souvent douze francs dans une heure. Je pouvais donc compter sur son zèle ; aussi m'assura-t-il qu'il irait tout courant, et qu'il n'arrêterait pas que ma commission

commission ne fût faite. Ses protestations avaient un ton de bonhomie qui augmenta ma confiance : les bonnes gens sont ordinairement bêtes, mais toujours sûres, à quelques exceptions près.

CHAPITRE XXVIII.

Aventure singulière.

Mon homme était parti, et je me promenais dans cette cour, vivement affecté de l'accident qui me faisait perdre quatre ou cinq heures; en allant en venant, mes yeux se portaient sur des portiques encombrés, sur des toits entr'ouverts, sur des tourelles en ruine; par tout je voyais les traces du temps ou de la destruction, et j'éprouvais ce sentiment pénible qu'inspirent toujours ces masses solitaires. Des murailles crevassées étaient devenues la retraite des oiseaux de nuit, et leurs cris interrompaient tristement mes réflexions. Ce que mon commissionnaire m'avait dit de ces prétendues apparitions, me revint à l'esprit, et quoique je ne sois rien moins que timide et crédule, j'éprouvai insensiblement une secrète horreur.

Je cherchai à m'occuper, pour dissiper des impressions dont je sentais le ridicule, mais qui commençaient à me maîtriser. Je fis boire mes chevaux à une mare que la pluie venait de former dans la cour; je regardai autour de moi si je ne trouverais rien à leur jeter : sur un côté de l'église, en tirant vers les bâtimens, était un petit taillis assez épais. Je les y lâchai, et pour veiller sur eux, je me retirai sous une espèce de voûte qui était précisément en face. J'avais pris un poulet et une bouteille de Bordeaux, je bus et je mangeai par désœuvrement, et pour continuer à me distraire.

De semblables repas ne sauraient être longs, et pour ne pas rester dans une inaction absolue, j'examinai, à l'aide de ma lanterne le lieu où j'étais. De grandes pierres grises, dont les joints rendaient un salpêtre épais, des croix, des inscriptions altérées par les ans, ou par l'acquéreur, m'indiquèrent l'ancienne sépulture des bons pères. Ces objets n'étaient propres qu'à rembrunir mes idées; je me hâtai de sortir de là, et je portai le long des bâtimens une certaine inquiétude qui croissait de moment en moment.

Il était minuit, ou environ, lorsque je crus entendre, dans une cour plus reculée, un bruit aigre, que je ne pouvais définir à cause de l'éloignement. Il me semblait cependant venir de quelque chose d'animé, parce qu'il tournait autour du couvent. Mon premier mouvement fut de sortir tout-à-fait de l'enclos, et d'attendre sur la route la chaise que j'avais demandée. J'aurais sagement fait de prendre ce parti qu'indiquait la prudence; mais je me reprochai ma pusillanimité; je pensai même que le bruit pouvait être celui de quelque animal qui paissait dans la forêt, et à qui, selon l'usage, on avait mis une sonnette.

Cependant ce bruit se caractérisa bientôt. Je distinguai un pas lourd et grave, et le cliquetis d'une chaîne qui devait être pesante, à en juger par l'effet qu'elle produisait en traînant dans ces ruines. Je jugeai alors que des fripons se jouaient de la crédulité des pauvres habitans; mais je ne voulais rien avoir à démêler avec eux : c'était déjà trop du retard que j'éprouvais. D'ailleurs j'étais seul; il était à présumer que j'aurais affaire à plus d'un ennemi, et quoique je fusse bien armé, la partie ne pouvait être égale. Je rentrai sous la voûte où j'avais soupé, et je couvris ma lanterne du pan de mon habit.

Ce bruit extraordinaire approchait toujours du caveau où j'étais. Par un mouvement machinal, ou par une sorte de frayeur permise peut-être dans une telle circonstance, je me retirai dans le fond de mon effrayante retraite, et j'entendis très-distinctement l'espèce de fantôme qui y entrait, et qui venait de mon côté. Je reculai, bien décidé à ne pas attaquer; mais j'avais la main sur un pistolet à deux coups, et je me disposais à me défendre, s'il fallait en venir là pour sortir du mauvais pas où j'étais engagé.

En reculant toujours, je trouvai, au lieu d'un mur solide qui devait m'arrêter, une ouverture qui me conduisit sous une autre voûte, d'où je passai successivement dans plusieurs bâtimens. Je suivais les murailles, et j'avançais avec précaution, de peur de donner dans quelque piége. Soit effet du hasard, soit que le spectre m'eût lui-même entendu, il marchait toujours sur mes pas, et il y avait assez long-temps qu'il me suivait, pour que j'eusse reconnu qu'il était seul aussi de son côté.

Piqué à la fin de fuir ainsi devant un être à qui je pouvais donner au moins autant d'embarras qu'il m'en donnait à moi-même, je me retournai brusquement, je tirai ma lanterne de dessous mon habit, et je l'attendis le pistolet au poing.

Sa figure était hideuse; il paraissait velu de la tête aux pieds, et son corps ne présentait qu'une masse informe. Il ne se déconcerta point; il agita sa chaîne en poussant de longs gémissemens. Il jugeait sans doute, à la manière dont je m'étais d'abord retiré devant lui, que la frayeur agissait puissamment sur moi, et il voulut y ajouter encore.

Il continuait d'avancer, et je fus prêt à faire feu sur lui. Je réfléchis cependant que le coup résonnerait au loin sous ces voûtes souterraines, qu'il attirerait les associés ou les complices de cet étrange individu, et que je ne leur échapperais pas. Je me collai contre le mur, disposé à le laisser passer librement, s'il ne se déclarait pas l'agresseur.

Il s'arrêta devant moi, sans paraître étonné de l'arme dont je lui présentais le bout, et me dit d'une voix lugubre : « Mortel, que me veux-tu »? Après avoir prononcé ces mots, il passa, et commença à marcher assez vite : un pistolet à deux coups en impose toujour s.

Je croyais n'avoir plus qu'à retourner sur mes pas, et je rétrogradais aussi promptement que me le permettait

tait le local. Mais je m'étais avancé sans le secours de ma lumière; mon trouble ne m'avait pas permis de remarquer les différens détours que j'avais parcourus, je ne me retrouvais point, et bientôt je m'égarai tout-à-fait. Après avoir erré quelque temps dans ces ruines, je faillis, en tournant un mur, à heurter le spectre, que je ne m'attendais plus à revoir. Je reculai deux pas; le fantôme, de son côté s'éloigna avec précipitation, et sembla s'abymer dans les entrailles de la terre, en jetant un cri épouvantable. Un vent violent qui souffla alors d'en-bas, éteignit ma lanterne; mes cheveux se hérissèrent, et une sueur froide coula de tout mon corps.

Quel parti prendre au milieu des ténèbres, dans des lieux inconnus? Je n'en vis qu'un; ce fut de courir sur le fourbe, et de le contraindre par la force à me servir de guide.

Je m'élançai aussitôt, en portant mes mains en avant pour garantir ma tête, et je n'eus pas fait trente pas, que le terrain manqua tout d'un coup sous mes pieds. Je roulai dans l'espace, je me crus mort, et je prononçai pour la dernière fois le nom d'Angélique.

Quel fut mon étonnement de me trouver étendu sur quelque chose d'assez doux et de n'avoir aucun mal! Je me relevais promptement, un peu étourdi de ma chute, lorsque je fus entouré de sept à huit hommes en habits de religieux, qui ne me laissèrent le temps ni de leur parler, ni même de les envisager : ils me saisirent, me désarmèrent, me bandèrent les yeux, et m'enfermèrent à verroux et à clef dans un caveau voisin.

Cette première mesure n'annonçait pas des dispositions favorables. Cependant le coup d'œil que j'avais jeté sur leurs habits, suffit pour me rassurer sur leurs intentions ; il n'était pas probable que des prêtres fussent cruels; surtout envers quelqu'un qui ne cherchait pas à les inquiéter, et que le hasard seul leur avait livré. Je changeai bientôt de sentiment, et je reconnus qu'il n'est rien que l'homme ne sacrifie à sa sûreté.

J'étais assez près d'eux pour entendre distinctement tout ce qu'ils disaient. D'abord ils parlèrent très-haut, et je crois tous ensemble. Le tumulte s'apaisa par degrés ; un d'eux, qui paraissait avoir de l'autorité sur les autres, prit la parole, et me convainquit, à travers les inutilités d'un assez long discours, que ces esprits prétendus n'étaient autre chose que les Récollets eux-mêmes, qui étaient rentrés dans leur ancienne demeure, et qui en écartaient, à l'aide du merveilleux et du fanatisme qu'ils avaient soufflé dans les campagnes, le nouveau propriétaire, et ceux dont les opinions ne s'accordaient point avec leurs intérêts; qu'ils se répandaient la nuit dans les environs, pour prendre les provisions que leur préparaient les fidèles qui leur étaient dévoués; qu'ils rentraient avant le jour, et qu'ils se proposaient de continuer ce genre de vie jusqu'à la contre-révolution, qu'ils croyaient très-prochaine. La conséquence de cet exposé fut, que leur secret découvert par un étranger qu'ils avaient toutes sortes de raisons de craindre, les mettait dans la dure nécessité d'employer des moyens extrêmes, et que c'était à la communauté assemblée en chapitre, à prononcer sur mon sort.

Je frémis en entendant ces mots terribles : *Des moyens extrêmes*. J'en saisis le vrai sens, et les alarmes qu'ils m'inspirèrent n'étaient que trop fondées. La délibération fut courte; il n'y eut qu'une voix, tous opinèrent pour la mort.

Huit jours avant je l'aurais reçue comme un bienfait; mais elle me parut affreuse au moment de rejoindre Angélique toujours tendre, toujours fidelle, et disposée peut-être à me pardonner. L'horreur du néant d'une part, de l'autre la perspective des jours sereins qui m'étaient encore réservés, rallumèrent mon imagination naturellement active, et m'inspirèrent le désir et la force de me défendre devant cet inexorable tribunal. Je frappai à ma porte, je demandai à parler au chapitre avant qu'il prononçât ma condamnation: on m'accorda cette grâce, et on me conduisit, les yeux toujours bandés, au milieu de mes juges.

Je leur racontai naïvement les divers incidens qui m'avaient, pour ainsi dire, jeté dans ce monastère. Je leur représentai ensuite qu'ils n'avaient rien à redouter d'un homme qui passait, et qui, vraisemblablement, ne reviendrait jamais dans le pays... Un murmure d'improbation m'interrompit; je repris en ces termes :

« Vous voulez ma vie, vous êtes les » maîtres de me l'ôter ; mais pesez » bien ce que vous allez faire. On » sait à Landrecy que je suis ici ; mon » domestique et les postillons me » chercheront là-haut. Instruits par » mon commissionnaire de vos apparitions, qui commencent à être » connues, ils soupçonneront la vérité; ils retourneront à la ville, et » feront part de leurs conjectures au » commandant, dont je suis l'ami particulier. Cet officier qui a pu jusqu'à » présent mépriser ces bruits populaires, finira par y ajouter foi, et » voudra découvrir l'imposture. Il » fera démolir la maison jusque dans » ses fondemens ; il pénétrera jus-

» qu'ici, et s'il ne me trouve pas en » vie, il vous livrera à la rigueur des » lois. Choisissez, de vous perdre » sûrement avec moi, ou de vous en » rapporter à la parole que je vous » donne de partir à l'instant pour Na- » mur, et de ne déclarer jamais ce que » j'ai vu ici ».

Je ne connaissais pas le commandant de Landrecy ; mais mon raisonnement n'en était pas moins fort pour des gens qui ne lisaient pas dans mon intérieur : ils n'avaient encouru que la déportation, et ma mort, s'ils étaient découverts, assurait leur supplice. Un long silence me fit augurer qu'il s'opérait quelque changement dans les esprits, et je l'espérai d'après l'ordre que donna le chef de me faire rentrer dans mon caveau.

Qu'on juge de la position d'un malheureux qui se trouve ainsi entre la vie et la mort, et qui éprouve successivement ces alternatives d'espérance et de désespoir! La mort, en elle-même n'est peut-être rien, comparée à cet état cruel.

On délibéra de nouveau, et les avis me furent plus favorables. Quelques-uns voulaient encore que je périsse, mais ils insistèrent faiblement, et ne tardèrent pas à se rendre au sentiment du plus grand nombre.

On m'amena une seconde fois devant mes juges. Le supérieur m'annonça qu'on me rendait la liberté aux conditions que j'avais moi-même proposées. Il me fit jurer sur l'Evangile, dont il enfreignait si ouvertement les préceptes, de leur garder un secret inviolable. Mon serment prononcé selon la formule qu'il me prescrivit, j'entendis baisser l'espèce de bascule qui s'était enfoncée sous moi; deux guides qui me tenaient fortement les bras, m'aidèrent à remonter : ils me firent marcher, monter, descendre pendant un quart d'heure au moins; enfin, ils m'abandonnèrent tout-à-coup. J'ôtai alors le mouchoir que j'avais sur les yeux; ils étaient disparus : je me trouvai dans l'église, et je vis mes pistolets à mes pieds.....

Il faisait jour. J'allai prendre mes effets et les chevaux qui étaient encore où je les avais mis. Je les conduisis hors de cette enceinte, dont je croyais ne pouvoir m'éloigner assez tôt : il n'était pas impossible qu'il vînt une arrière-pensée aux moines, qu'ils eussent aussi des armes dans leur souterrain, et quelque résistance que je leur opposasse, j'aurais infailliblement succombé sous le nombre.

Je regardai du côté de Landrecy, je ne découvris qu'une méchante carriole en osier, qui me parut abandonnée. Je ne sus que penser; on aurait pu faire quatre fois le chemin depuis que mon commissionnaire m'avait quitté : il n'avait donc pas tenu ses engagemens. Fatigué d'attendre, affligé d'avoir perdu tant de temps, et redoutant toujours ces malheureux Récolets, je me décidai à chasser les chevaux devant moi, et je m'avançai à grands pas vers la ville.

Je n'avais pas fait un quart de lieue, que j'aperçus de deux cents pas une troupe d'hommes armés. En m'approchant davantage, je distinguai des uniformes, des chevaux frais, et bientôt je reconnus mon cocher.

Le stratagème qui m'avait tiré des mains des moines, devenait une réalité. Le cocher qui avait vû ma chaise entraînée du côté de Landrecy, y était retourné, et il entrait à la poste lorsque mon commissionnaire criait à tue tête qu'on se hâtât de m'aller prendre, si on ne voulait pas que le diable me tordît le cou. Le cocher avait fait aussi peu de cas que moi de cet avis, mais il savait que je brûlais d'arriver ; il fit mettre des chevaux à la carriole que je venais de voir, et il partit aussitôt.

Le postillon et lui m'appelèrent dans la cour et dans les environs du monastère. En allant et venant, ils trouvèrent les chevaux de la veille, qui paissaient tranquillement, ma valise et les débris de mon souper. Ils appelèrent encore, et ils conclurent, de mon silence, qu'il m'était arrivé quelque chose de fâcheux. Plus sages que moi, ils ne s'arrêtèrent point à fouiller les bâtimens, où on pouvait aussi leur faire un mauvais parti. Ils dételèrent la carriole, revinrent à Landrecy à grande course de cheval, descendirent chez le commandant, lui rapportèrent ce que le commissionnaire leur avait dit, et lui demandèrent un détachement de sa garnison pour me chercher, et m'avoir mort ou vif.

Celui-ci s'était concerté avec l'agent du gouvernement ; des ordres précis avaient été donnés, et un lieutenant avec trente hommes s'était mis en marche pour le couvent. Ces différentes courses avaient pris le reste de la nuit, et il était six heures lorsque mon cocher et moi nous nous rencontrâmes enfin.

Nous nous embrassâmes comme de vrais amis qui ne comptaient plus se revoir. Il me demanda ensuite où j'avais été, puisque je n'avais pas répondu, quoiqu'il m'eût appelé à grands cris. Incapable de violer une promesse arrachée, à la vérité, par la force des circonstances, mais qui me paraissait cependant respectable, je composai à l'instant une fable, mal cousue sans doute, car le lieutenant eut l'air de n'en pas croire un mot. Il me fit à son tour des questions : je n'étais pas préparé à subir un interrogatoire, et je lui répondis plus maladroitement encore. Il me somma alors de déclarer à quelles gens j'avais eu affaire, et il exigea que je lui servisse de guide. Je lui déclarai nettement que j'avais fait serment de ne rien dire, et que je ne dirais rien.

Il répondit qu'il allait m'envoyer à Landrecy, où on me garderait probablement jusqu'à ce que je voulusse parler. Cette menace m'effraya autant que les événemens qui s'étaient passés dans le souterrain : l'honneur d'Angélique, sa vie et la mienne tenaient peut-être à une heure gagnée ou perdue. Cette pensée me déchirait, mais elle ne me fit pas manquer à ma parole : je me tus.

Le lieutenant, franc et loyal militaire, me serra la main, me dit que je pouvais suivre ma route, et qu'il allait faire son métier. Je laissai ma chaise cassée à qui voudrait la prendre, je sautai dans la carriole, et je souris enfin à la certitude de revoir, avant la fin du jour, l'objet de tant de peines et des plus tendres vœux.

J'ai su depuis que le détachement, après de longues et vaines perquisitions, était enfin parvenu à la retraite des Récolets; qu'ils avaient été traduits en jugement, et condamnés à la déportation. S'ils n'eussent pas été découverts, leur secret serait mort avec moi.

CHAPITRE XIX.

Je ne la trouve pas.

J'ENTRAI enfin dans cete forêt de Marlage, que je cherchais depuis trois mortels jours ; j'approchais de Viller........ La dernière maison à gauche, un peu écartée du village, avait dit le valet de Denneterre. Je m'adresse à mon cocher : « Mon ami, je te crois » du courage ? — Je vous le prouve- » rai. Si Denneterre est avec elle je le » tuerai, où il m'ôtera la vie : contiens » ses complices, s'il s'est fait accompa- » gner. Non, monsieur, non, un » honnête homme ne se mesure pas » avec un fripon ; il lui casse la tête » partout où il le trouve. Je pique des » deux ; je vous devance ; et je me » conduis selon les circonstances. — » Arrête »....

Le brave homme n'écoute plus rien. Je lui parle encore, et il est déjà loin.

Je découvrais le clocher de Viller, et j'étais agité de mille sentimens opposés ; je la voyais armée d'un front sévère, me repousser avec insensibilité, et dédaigner de me répondre. L'instant d'après, je me la peignais prodiguant à Donneterre ces caresses dont elle m'avait si souvent enivré ; le séducteur jouissait du prix de tant de ruses, et, pour dernier outrage, il insultait à ma douleur : mais bientôt mon cœur brûlant rejetait ces images funestes, comme le Vésuve vomit la lave qui obstrue son foyer. C'était elle, toujours elle que je retrouvais, toujours fidelle, toujours indulgente, toujours aimante, sur-tout ; ses bras s'ouvraient au repentir, et c'est en essuyant mes larmes qu'elle oubliait son injure.

Je

Je vois la maison : les chevaux ne sont pas arrêtés encore, et j'ai frappé à la porte. On tarde ..... je frappe encore, je frappe à coups redoublés ; on ouvre enfin : c'est Justine.... Je suis pour elle la tête de Méduse : elle reste pétrifiée. « Où est-elle ? où est-» elle ? criais-je, en lui prenant un » bras que je serrais avec violence ». Je la traînais, je la poussais devant moi ; j'oubliais qu'elle devait me conduire.

A ses cris, aux miens, accourt un homme vigoureux, armé d'une cognée. Je jette Justine à dix pas ; je m'élance sur le misérable. Un scélérat est toujours lâche : celui-ci se laisse désarmer ; il tombe à mes genoux. « Ma femme, malheureux, ma femme, » où est-elle ? Pure ou déshonorée, » je la veux, je la veux, je ne peux » vivre sans elle ». L'effroi l'empêche de répondre. Je passe sur ce corps tremblant, anéanti; je parcours cette odieuse chaumière; j'appelle, j'invoque Angélique: sa voix argentine ne frappe pas mon oreille.

Je retourne, je descends, je m'adresse de nouveau à ces êtres vils, prosternés et tremblans devant moi: ils se regardent, ils sont muets. Je peux punir, j'en ai le droit, et c'est moi qui supplie. « Rendez-la-moi! » rendez-la-moi! A ce prix je peux » tout pardonner; je le promets, je » le jure: déjà même j'ai oublié vos » forfaits. Un mot, un seul mot, et » je ne vois plus en vous que des bien» faiteurs. — Elle a pris la fuite cette » nuit. — Avec Denneterre? — Elle » a trompé notre surveillance et la » sienne. — Ses draps, attachés à la » croisée..... — Et pas d'indice, nulle » idée?..... — Non, monsieur ».

Je remonte; j'entre dans une chambre un peu plus ornée que les autres:

un lit blanc, comme celui qu'elle avait chez sa mère..... Souvenir déchirant et délicieux!... J'approche..... mon portrait dans le fond! Ce portrait que j'avais laissé chez moi, sur lequel était fait celui que j'avais offert à sa sœur.
» Mon portrait, ciel! mon portrait!
» Malgré mes injustices, malgré mes
» cruautés, je suis donc encore l'é-
» poux de son cœur »! Je le détache, et je vois sur le verre qui couvre le pastel, des traces de larmes récentes....
« J'en tarirai la source; oui, je la ta-
» rirai.... Mais, où est-elle, mon Dieu?
» où est-elle »?

J'allais sortir; je ne sais quel pressentiment me fit ouvrir un petit secrétaire dont le dessus était fraîchement taché d'encre : un papier ployé en quatre se présente, je le prends.... c'est son écriture.

« Je vous ai cru long-temps un ami
» vrai, à qui je ne trouvais d'autre

» tort que de prendre une part trop
» active à ce qu'il appelait mon ou-
» trage. Vous vous êtes décelé hier,
» et il n'y a qu'un homme atroce qui
» puisse sui re avec autant de calme
» un pareil plan de corruption. Je ne
» doute plus que vos intrigues n'aient
» amené cette rupture dont j'ai tant
» gémi, et c'est ce que je vais éclair-
» cir. Je vous fuis ; je fuis les malheu-
» reux que vous avez mis auprès de
» moi ; je vais chercher mon époux,
» me jeter dans ses bras, et braver,
» de cet asile respectable, les vains
» efforts des méchans ».

Transporté, ivre de joie, je cours, je saute l'escalier, je ne pense qu'à reprendre la route de Paris.... Le bas de la maison est rempli de gardes ; mon cocher harangue le magistrat, qu'il a amené pour prévenir un accident : précaution tardive, si je n'eusse été maître de moi.

Justine et l'autre coquin subissent un interrogatoire ; ils déclarent qu'à la pointe du jour ils ont fait avertir Denneterre de l'évasion de la femme charmante.... Je n'en écoute pas davantage. » A Namur, mon ami, à Namur ! criai- » je à mon cocher ; sachons si le cor- » rupteur a suivi les traces de l'infor- » tunée » ; et je dételle le bricolier, je prends les bottes du postillon, j'enfonce les éperons dans le ventre du cheval : mon cocher vole sur mes pas.

CHAPITRE XX.

Combat.

A la barrière était un poste de hussards; je demande l'auberge de Denneterre, on me l'indique : le postillon la connaît, il me conduit......... Depuis le matin le traître est monté à cheval, il a pris la route de Mons; c'est celle de Paris. « Une selle, des » chevaux, à l'instant, à la minute! » m'écriai-je douloureusement. C'est » elle qu'il cherche ; il est capable de » tout... Des chevaux, des chevaux!... » Ah! si je le joignais trop tard.... » Je jette une poignée d'or dans l'écurie, je suis monté, parfaitement monté : cette fois au moins on a secondé mon impatience.

A chaque poste je m'informe de

Denneterre. A celle de Mons on me donne enfin des renseignemens positifs ; il a trois heures sur moi, il court dans un cabriolet gris ; il poursuit une jeune femme qu'il dit être la sienne..... L'infame ! il prend aussi des informations ; il la dépeint, elle a passé, et c'est elle..... « O mon Dieu, mon Dieu ! » sauve-la » !

Elle avait marché la nuit depuis Viller jusqu'à Fosse, où elle avait pris une carriole rouge et des chevaux ; elle pressait ses guides, elle implorait la protection de tous les maîtres de poste, pour échapper au vautour : voilà ce qu'on me dit à Mons.

Seule, à pied, au milieu d'une forêt, la nuit, trois lieues dans son état, pour se conserver au barbare qui l'a indignement chassée !............ J'étais remis en selle, en faisant ces cruelles réflexions, et j'allais comme l'éclair.

J'avais passé Valenciennes, et je gagnais considérablement sur Denneterre, selon les rappors des différens postillons : j'étais à deux lieues de Cambrai, sur la hauteur de Motrecourt. A la crête de la colline opposée, j'aperçois une petite voiture dont je ne peux distinguer la couleur, J'en vois une autre dans le vallon, qui allait à toute bride, et qu'escortait un valet. « Les » voilà ! les voilà ! criai-je à mon co- » cher, en piquant plus fort qu'eux; » ils sont deux, mais je brave tout : la » venger ou mourir. — Puisque vous » le voulez, vous aurez affaire au maî- » tre ; moi, je me charge du laquais : » j'ai aussi mes pistolets, quoique » vous ne vous en doutiez pas ».

J'étais à franc-étrier, et je devais en peu de minutes dépasser la première chaise. Bientôt je reconnus cette couleur grise qu'on m'avait indiquée. Ma fureur donna des ailes à mon cheval ; j'étais à cinquante pas en avant de sa voiture, que je n'avais pu l'arrêter encore : je retournai sur Denneterre, je saisis mes armes, je lui barrai le chemin, et je lui dis de descendre..... Il était brave.

« Oui, je vous dois satisfaction,
« répondit-il froidement ; mais vous
« êtes à cheval, je suis en voiture :
« descendons tous deux. » Il n'avait pas fini, et j'étais déjà à terre.

Cette espèce de grand drôle qui l'accompagnait voulut faire le méchant : mon cocher lui montra le bout d'un pistolet, et le tint là d'une main, pendant que de l'autre il le hâchait à coups de fouet.

J'étais l'offensé, je tirai le premier. Les passions qui m'agitaient me permirent à peine d'ajuster : je manquai. Il riposta, et perça mon habit. Mon cocher, indigné, s'avança sur lui, et allait lui faire sauter le crâne : l'idée d'un assassinat me révolta ; je jetai un cri perçant. Denneterre, averti, se retourna et sauta de côté ; il était temps, et je ne pus le sauver moi-même qu'en tirant sur le cheval du cocher, que je démontai.

« On peut aimer la femme d'un « autre, me dit Denneterre, et quel« quefois tuer le mari quand on y est « forcé ; mais un galant homme res« pecte la vie de celui à qui il doit la « sienne. Il vous reste deux coups, « faites ce que vous voudrez : voici « mon devoir, à moi, » et il jeta ses armes à vingt pas de lui.

Je remontai à cheval, et je m'éloignai sans répondre un mot au perfide qui parlait d'honneur, après avoir voulu perdre celui d'Angélique, détruire ma félicité, le repos de toute ma vie. Etrange aveuglement! on se permet tout parce qu'on a de la valeur, et on se persuade qu'il n'est pas de forfait qui ne se lave dans le sang!

Je regardai derrière moi; je le vis remonter dans sa chaise, et reprendre le chemin de Mons. J'ai su, deux mois après, qu'en arrivant à Namur, il avait trouvé sa destitution conçue en termes si humilians et si durs, qu'il ne lui était plus permis d'espérer, ni même d'oser solliciter du service.

Je n'avais alors qu'un désir, qu'un vœu, et on le devine aisément. La petite carriole rouge était déjà loin; mais la nuit approchait, et après tant de fatigues, l'aimablefemme prendrait sans doute quelques heures de repos. En supposant même qu'elle continuât de marcher, je devais la joindre à Cambrai, ou à la poste prochaine. Plus de projets de vengeance, plus même d'animosité : je descendis dans mon cœur, et je n'y trouvai que l'amour.

CHAPITRE XXI.

Elle m'est rendue.

Je descends à la poste de Cambrai; d'un coup d'œil j'embrasse toute la cour : je crois voir....... C'est elle, c'est la carriole rouge; je la reconnais à la lueur des flambeaux. Je renouvelle la scène de Viller, et sans perdre le temps à parler à personne, je cours de chambre en chambre, je pousse, je tire les portes.

« Où est-elle? où est-elle ?» Toujours les mêmes idées, toujours le même cri.

Le maître vient, il m'ordonne de sortir; je n'écoute point. Il porte la main sur moi; je lui échappe, et je continue mes recherches. Les domestiques, les postillons arrivent. On m'environne, on me presse, on me saisit. Mon cocher veut se faire jour jusqu'à moi, et me dégager; il est arrêté lui-même : on le met dans l'impuissance de faire aucun mouvement. Nous tombons tous deux dans des accès de rage, et la violence de nos efforts ne sert qu'à resserrer les liens dont nous sommes déjà chargés.

Je ne doute plus que le maître de poste ne soit vendu à Denneterre, mais je m'en inquiète peu. Il a repris la route de Mons, et je suis au centre d'une ville de guerre, où j'ai tout à espérer de l'autorité et de la force publique. Je continue à m'écrier, à me débattre : la garde paraît enfin.

Je demande ma femme; je veux qu'on me conduise à la chambre où elle repose. On me répond avec une ironie amère, que je n'ai point de femme, que celle qui vient d'arriver a déclaré mes odieux projets, qu'elle est sous la sauvegarde des lois, et qu'on va me demander compte de ma conduite.

Je comprends qu'on m'a pris pour Denneterre; je tire mes papiers, on les lit, tout s'explique, je suis libre, et traité avec des marques de considération: on m'indique le numéro dix..... Bienheureux numéro!

Le tumulte, les clameurs, le cliquetis des fusils qui s'entre-choquaient, avaient porté l'alarme dans le modeste asile de la beauté: je parlais, je frappais, je n'étais pas entendu. De gros meubles étaient péniblement traînés contre la porte; la croisée s'ouvrait, et sa douce voix, tremblante, altérée, invoquait le secours des époux et des mères.

Je parais dans la rue, je me nomme. Un cri de surprise et de joie me répond; je la vois défaillir, je l'entends tomber sur le plancher.

Je reviens à cette porte, je l'ébranle, je la soulève, je la renverse avec une pince de fer; je pousse devant moi une lourde commode et des fauteuils antiques, entassés les uns sur les autres. Je la prends, je la relève, froide, inanimée; je la réchauffe contre mon sein, je préviens le pardon, je dérobe un baiser; ses yeux se rouvrent à la lumière.

« C'est Denneterre, c'est madame « Dercourt.... — Oui, mon ami .... « quel mal ils nous ont fait ! » Nous nous sommes tout dit : hé, que pouvions-nous dire de plus ? Un regard suppliant demande grâce; un regard caressant me l'accorde.

Ce numéro dix est devenu un palais, un lieu d'enchantement, de délices. La nuit s'écoulait, et le bonheur avait tiré un voile sur le tableau des malheurs passés ; ses doigts de rose en écartaient jusqu'au souvenir.... Des sensations, qui ne sont plus celles du plaisir, ont suspendu son ivresse ; je la fixe, ses traits s'altèrent; de légères douleurs se font sentir; bientôt elles deviennent plus vives.... « Ah ! me dit-« elle, l'innocent t'attendait. »

Je me lève, je sonne, j'appelle ; on n'est pas assez prompt, je descends, je donne mes ordres : j'allais remonter. Un vieillard est auprès du feu, pendant qu'on change les chevaux à la porte de la rue ; ma voix le frappe ; il se tourne de mon côté, il m'ouvre ses bras : je le presse dans les miens.... C'est le curé des Loges.

« Monsieur Thibaut ! monsieur Thi-« baut ! s'écrie-t-il en courant pesam-« ment vers la rue les genoux ployés, « le corps courbé sur sa canne en bé-

« quille, monsieur Thibaut ! le voilà ! « le voilà ! c'est lui. Je l'ai retrouvée, « elle m'est rendue ! criais-je en même « temps. » Et nous nous félicitions, Thibaut et moi, et le bon curé à genoux bénissait la Providence.

Je leur prends une main à chacun ; je les tire après moi, je les introduis, et la femme charmante est entre son amant et ses meilleurs amis.

Le digne prêtre s'était sincèrement attaché à moi. Dès le lendemain de mon départ, il avait cédé à l'impatience de connaître mon sort, de partager ma joie ou de m'offrir de nouvelles consolations ; il s'était traîné à Paris : il avait su que je courais à Viller, et peut-être à Namur. Mon vieux Antoine, plus libre avec sa respectable misère qu'avec l'opulence de Thibaut, lui avait conté très au long les desseins qu'il me soupçonnait, et les suites funestes qu'ils pourraient avoir, si je rencontrais Denneterre : il n'en avait pas fallu davantage pour déterminer mon bon curé.

Il alla chez Thibaut, lui communiqua ses craintes, et le réfléchi Thibaut, qui pourtant n'avait pensé à rien de tout cela, éprouva aussitôt les plus vives alarmes. Leur départ fut résolu et exécuté à l'instant. J'avai couru pour l'amour; ils couraient pour l'amitié, pour me sauver de moi-même et des autres, pour épargner le sang même de son ennemi, s'il en était temps encore.

Revenons à des objets au moins aussi intéressans. Un homme habile se présente, il est suivi d'une femme attentive et prévenante : il s'approche du lit; il m'annonce que dans une heure je serai père. Elle oublie ses douleurs; elle trouve la force de me sourire.

Le curé et Thibaut s'éloignent. Je suis là, toujours là : ma présence soutient son courage, et c'est à moi qu'appartient la moitié du premier cri de l'enfant.

Je l'ai entendu ce cri, et j'y ai répondu par des larmes de tendresse : sa mère soulagée est rayonnante de joie ; nos amis sont rentrés. Le bon curé a pris mon fils; ses mains tremblantes l'élèvent vers le ciel, et sa bouche le bénit.

CHAPITRE XXII.

Conclusion.

« Plus de Paris, mon ami. — J'allais « te le dire, femme charmante. — La « ville pour les oisifs, et les champs « pour ceux qui aiment. — On y est « tout à soi. — Tout à son amie. — On « s'y rapproche de la nature. — Et la « nature est mère des amours. »

Notre petit conseil assemblé, il fut résolu qu'on ne s'arrêterait à Paris que le temps nécessaire pour faire ses dispositions, et qu'on irait cacher son bonheur au Bois-Guillaume.

Le bon curé m'aidera à élever mon fils; je le lui ai proposé : il y consent, et j'espère que nous en ferons un honnête homme.

Thibaut viendra nous voir souvent;

Jeanneton y sera invitée par l'aimable femme. Tous ses soupçons sont dissipés; elle ne voit plus de Jeanneton que les qualités qui intéressent tous ceux qui l'approchent une fois.

Le coloris de la santé reparaît sur ses joues, le contentement brille dans ses yeux. Son fils qu'elle nourrit, son ami qu'elle caresse, voilà ses plaisirs, ses devoirs, le terme de ses vœux.

Les deux carrosses sont arrivés. Je monte dans un certain équipage gris-de-lin, et j'y remonte avec elle : nous y sommes quatre maintenant, elle, moi, et deux amours.

Antoine, en nous revoyant plus tendres, plus empressés, plus heureux que jamais, se sent, dit-il, rajeuni de dix ans. Il fait les malles avec Jeanneton, et ils y mettent une célérité étonnante : ils assurent que l'air de Paris est pestilentiel pour une trop jolie femme. Ma foi, je suis presque de leur avis.

Madame Elliot, Adèle et Montfort, avaient entendu parler de nos différens, et ils s'en étaient fortement affectés : ils nous reçurent comme des malades désespérés, qu'une espèce de miracle a rendus à la vie. « Ah! nous dit la respectable mère, si vous vous étiez aimés d'une manière moins recherchée, « si vous vous étiez franchement expliqués dès l'origine de vos inquiétudes, que de traverses vous vous « seriez épargnées ! Croyez-moi, mes « enfans, si jamais vous croyez avoir à « vous plaindre l'un de l'autre, dites-« vous tout, hâtez-vous de tout vous « dire. Une confiance absolue assure « seule la paix des ménages ».

FIN.

A. EGRON, imprimeur, rue des Noyers, n. 37.

www.ingramcontent.com/pod-product-compliance
Ingram Content Group UK Ltd.
Pitfield, Milton Keynes, MK11 3LW, UK
UKHW012211240726
13966UKWH00002B/708

9 782011 880970